TRAITÉ
DE LA
CIVILITÉ
FRANÇOISE.

NOVVEAV TRAITE' DE LA CIVILITE'

QVI SE PRATIQVE EN FRANCE,

PARMI LES HONNESTES GENS.

A PARIS,

Chez Helie Iosset, ruë S. Iacques
à la Fleur de Lys d'Or.

M. DC. LXXI.

Avec Privilege du Roy.

AVIS.

CE Traité de la Ci-
vilité, n'avoit pas esté
fait pour estre impri-
mé , mais seulement pour
répondre à un Gentilhom-
me de Province , qui avoit
prié l'Auteur comme son
amy particulier, de donner
quelques preceptes de civilité à son fils, qu'il avoit dessein d'envoyer à la Cour, en
sortant de ses études & de
ses exercices.

Il n'auroit pas en effet

AVIS.

vû le iour sans les instances
de plusieurs personnes de
merite & de qualité à qui
il a esté communiqué , &
pour qui l'Auteur à beau-
coup de déference , qui ont
crû qu'il seroit tres-utile ,
non seulement aux person-
nes qui ont des enfans à
élever ; mais aussi à ceux
qui bien qu'avancez en
âge , ne sont pas pourtant
assez instruits de la polites-
se & de l'honnêteté qu'on
doit observer dans le commerce du monde.

C'est dans cette pensée
qu'on a même jugé à pro-
pos de dire quelque chose

AVIS.

de la civilité des Dames,
afin de le rendre plus utile
aux deux sexes. Mais com-
me cet écrit ne peut regarder que les honnêtes gens;
c'est aussi à eux qu'on prend
la liberté de l'offrir , quoy
que differemment. Car on
n'ignore pas qu'il n'y en
ait beaucoup qui n'ont pas
besoin de ces regles , &
qui au contraire en peu-
vent faire des leçons aux
autres : Et ce sont ces personnes intelligentes en cette matiere , que l'on suplie
d'avoir la bonté d'envoyer
chez l'Imprimeur, des notes
de ce qu'ils auront observé

AVIS.

ſur ce Traité, afin que ſi on juge nececeſſaire d'en faire une ſeconde édition , on puiſſe l'augmenter , & le mettre , s'il ſe peut , dans ſa derniere perfection.

Mais comme il y en a d'autres auſſi qui peuvent tirer quelque utilité de ces petits avis, chacun n'ayant pas la commodité ni le moyen de venir ſur les lieux pour y aprendre la fin de la politeſſe; S'ils ont de la docilité d'eſprit , ſans laquelle ils n'en ſeroient pas ſuſceptibles, on eſpere qu'ils prendront en bonne part le deſſein que l'on a de les en gratifier.

A V I S.

Et afin que ce soit avec plus de succés , il est bon de les avertir , qu'au moment que ce Traité entre sous la presse , il en sort un autre intitulé , *l'Education d'vn Prince* , qui est composé des ouvrages de deux des plus grands genies de ce siecle. Il est absolument necessaire qu'ils le lisent pour se former l'esprit sur ces belles connoissances , & qu'ils taschent de pratiquer les vertus qu'ils y aprendront, autant qu'elles auront raport à leur condition; afin que la civilité soit soûtenuë d'vn fondement solide , &

qu'elle ſerve enſuite d'or-
nement à leur ſageſſe ; au
lieu que ſans cela elle ne
ſerviroit que de couverture
à leur peu de merite.

Mais ſur tout, il eſt im-
portant qu'ils liſent & étu-
dient ſoigneuſement le
Traité de la civilité chrétienne ;
qui ce trouve ſi à propos
inſeré dans ce même livre,
pour établir plus ſolide-
ment les principes de la civilité commune , que ce-
luy-cy ne fait que toucher
ſuccintement ; qu'on peut
dire que ces excellens mai-
ſtres , que l'on auroit fait
ſcrupule de conſulter , ſont

AVIS.

venus d'eux-mêmes à noſtre
ſecours, Car leur Traité ſer-
vant pour la theorie & les
principes generaux de la civilité , & celuy-cy pour la
pratique & le détail particulier de nos actions ; le premier pourroit paſſer pour
une premiere partie , & le
noſtre pour une ſeconde ; &
de tous les deux faire un ouvrage complet & achevé ſur
cette matiere : ſi toutes-fois
celuy-cy qui n'eſt fait que de
matereaux ſimples & de bas
prix , peut former vne piece
d'architecture, & avoir du raport auec vn ouvrage tout re-
hauſſé de pierres précieuſes.

TABLE DES CHAPITRES
& des Matieres qui sont contenuës dans ce Livre.

& Matieres.

Extrait du Privilege du Roy.

Par grace & Privilege du Roy, en datte du 16. Novembre 1670. Signé, Dalence', & fcellé du grand fceau. Il eft permis au Sieur I. M. de faire imprimer, vendre & diftribuër par tel Imprimeur ou Libraire qu'il voudra choifir, un Livre intitulé *Traité de la Civilité Françoife, &c.* durant le tems & efpace de dix années, à compter du jour qu'il fera achevé d'imprimer & mis en vente pour la premiere fois ; & défences font faites à tous Imprimeurs, Libraires, & autres de quelque qualité & condition qu'ils foient de le contrefaire, vendre ni diftribuër fans le confentement dudit I. M. à peine de quinze cens livres d'amande, confifcation des exemplaires, & de tous dépens, dommages & interefts, ainfi qu'il eft plus amplement porté par lefdites Lettres.

Et ledit Sieur I. M. a cedé & tranfporté le prefent Privilege à Helie Iosset, Marchand Libraire à Paris, pour en joüir fuivant l'acord fait entr'eux.

Regiſtré ſur le Livre de la Communauté des Imprimeurs & Libraires, ſuivant l'Arreſt du Parlement du 8. Avril 1653. Fait à Paris le 15. Ianvier 1671.

Signé, **L. Sevestre**, Sindic.

Achevé d'imprimer pour la premiere fois le 20. Ianvier 1671.

Les exemplaires ont esté fournis.

NOVVEAV

NOVVEAV TRAITE'
DE LA
CIVILITE',
QVI SE PRATIQVE
EN FRANCE,

Parmi les honnêtes gens.

A un Gentil-homme de Province.

VOus defirez, Monfieur, fçavoir de moy, qu'elle eft la politeffe dont une perfonne bien élevée doit accompagner fes actions ; à caufe, dites vous, que j'ay la fcience du monde, &

A

que vous avez obſervé que
je n'ignorois pas les re-
gles de l'honnêteté. Ie ne
veux pas me défendre de la
bonne opinion que vous
avez de moy : mais je crains
fort que vous ne reconnoiſ-
ſiez par la ſuite , que ce ne
ſoit l'amitié dont vous m'ho-
norez , qui vous ait preo-
cupé en ma faveur.

CHAP.
I.

IE vous diray donc pour
vous obeïr, que cette politeſſe dont vous me deman-
dez des regles, n'eſt à mon
avis , que la modeſtie &
l'honnêteté que chacun doit
garder ſelon ſa cõdition.Car
il n'eſt pas queſtion, ce me
ſemble, de la bonne grace,
ou d'vn certain air & attrait,
qui eſt comme naturel dans

les actions de certaines personnes , lesquelles ont un
talent particulier de la nature , pour plaire en tout ce
qu'elles font, & pour ne dé-
plaire jamais quoy qu'elles
faffent. On ne peut donner
de preceptes pour acquerir
cét air & cét agréement;
puifque c'eft une pure libe-
ralité de la nature, que l'on
exprime par ce mot , *gau-*
deant bene nati, heureux ceux
qui ont eü en naiffant la nature favorable.

Mais comme c'eft fort peu
de chofe de plaire feule-
ment aux yeux du corps , fi
nous n'avons en même tems
le bonheur de plaire aux
yeux de l'ame; ce n'eft pas
auffi ce charme exterieur
que nous devons rechercher

comme le principe de la veritable politeſſe ; mais quelque choſe de plus ſolide ,
qui marque la bonne diſpoſition de nôtre interieur , &
non pas ſeulement nôtre
adreſſe & la diſpoſition du
corps. ᵃ En effet ſi nous nous
attachions ſeulement à cette
bonne grace exterieure , il
ſe rencontreroit que ceux
qui ont quelque notable in-
commodité corporelle paſ-
ſeroient pour des monſtres
dans la vie civile ; au lieu
qu'ayant l'ame belle & bien
cultivée , leurs actions peuvent avoir autant d'agréement , que celles des perſonnes les mieux faites.

Ie trouve donc que pour
ètablir les regles de la veritable politeſſe, il ne faudroit

ᵃ Neque enim ſolùm corporis qui ad naturam apti ſunt : ſed multò etiam magis animi motus probandi , qui item ad naturam accommodati ſunt. *Cic. lib.* 1. *off.*

que bien déduire celles de la bienfeance. Or cette bien-feance n'eftant autre chofe que la modeftie, c'eft à dire cette pudeur & cette honê-teté qui doit acompagner toutes nos actions, c'eft pro-prement de cette vertu dont nous aurions à donner des preceptes, fi nous en eftions capables; puifque ce feroit en donner en même temps pour aquerir cette politeffe, cét agréement, & ce je ne fçay quoy, qui à le pouvoir & l'autorité de nous conci-lier l'affection & l'aplaudif-fement du monde, [b] quelque difformité de corps que nous ayons d'ailleurs, ou contractée par la naiffance, ou furvenuë par quelque difgrace.

[b] Modeftia eft per quam pudor honeftatis claram & ftabilem comparat auctoritatem. *Cic. Rh.*

c Scientia earum re-rum quæ agentur aut dicen-tur, loco suo collo-candarum. *Cic. lib.* 1. *off.*

AVssi est elle definie, *Vne science qui enseigne à placer en son veritable lieu ce que nous avons à faire ou à dire.* c Or nous ne sçaurions ni rien dire, ni rien faire à propos & dans la bien-seance, si nous n'observons exactement quatre circon-stances. La 1. est *de se compor-ter chacun selon son âge & sa condition.* La 2. *de prendre gar-de toûjours à la qualité de la personne avec laquelle on trai-te.* La 3. *de bien observer le tems.* Et la 4. *de regarder le lieu où l'on se rencontre.* Ces circonstances qui vont à se connoître soy - même ; à connoître les autres ; à ob-server les lieux & les tems, sont si necessaires , que si

l'une des quatre manque,
toutes nos actions, de quelque bonne intention qu'elles soient prevenuës, paroiſſent difformes & monſtrueu-
ſes.

Mais il ſeroit bien difficile
de donner des regles ſi exa-
ctes de la modeſtie, qu'elles
puſſent ſe rapporter à tous
les hommes en general, à
tous les lieux du monde, &
à tous les tems de la vie.
L'on ſçait que ce qui eſt
bienſeant chez quelques na-
tions, eſt offençant chez
d'autres : Que ce qui eſt
agreable,& quelquefois même édifiant en un païs, eſt
déplaiſant & ſcandaleux en
un autre : Enfin que ce qui
eſt à propos en un certain
tems, devient ſouvent im-

portun & ridicule un mo-
ment aprés.

A cause donc de cette va-
rieté, nous nous détermine-
rons à traiter de la modestie, dont les Chrétiens doivent user parmy eux, & de
la maniere qu'elle s'observe
en France : Et nous tâche-
rons ensuite par quelque di-
vision, à en faire voir plus
distinctement la pratique.

Au reste pour ce qui est
des manieres d'agir qui regardent le public, soit en
France, soit chez differens
peuples, l'ont peut en con-
sulter les Ceremoniaux, &
ceux qui ont voyagé, ou qui
en sçavent la pratique &
l'usage ; pour apprendre
d'eux à se conduire dans les
ambassades, dans les magi-

ſtratures , en des ſolemnitez publiques , & à negotier & converſer parmi les Etran-gers, où ſouvent ce qui eſt bienſeant en France , paſſe pour fort irregulier & inde-cent.

Pour le dire en peu de mots, cette modeſtie donc nous parlons , n'eſt autre choſe à le bien prendre que l'humilité. Cette vertu eſtant bien pratiquée , je dis mê-me par les perſonnes de la premiere qualité (le rang que l'on tient, ou de la naiſ-ſance , ou de la fortune, n'exemtant perſonne de la pratique de la vertu , & les grands n'eſtant veritable-ment grands aux yeux des ſages , qu'autant qu'ils ſont humbles & vertueux) cette vertu, dis-je, étant bien pratiquée, c'est en effet avoir acquis l'honnêteté & la modestie.

Or l'humilité consistant, non seulement à ne presumer rien d'avantageux de soy-même; mais aussi à preferer sur toutes choses la satisfaction & la commodité des autres à la sienne propre; jusqu'à avoir de l'horreur pour tout ce qui peut fâcher ou desobliger quelqu'un; [d] c'est estre veritablement modeste, que d'estre dans cette disposition. La raison est, que comme il n'y à rien qui rebute davantage & qui soit plus insupportable que l'orgueil & la

d Modestia provenit ex quadam dulcedine affectus, quâ quis horretomne quod potest alium contristare. *S. Th.* 2. 2. *quæst.* 157. *art.* 3. Iustitiæ patres sunt non violare hominem, verecundiæ non offendere. *Cic. lib.* 1. *off.*

vanité ; il n'y à rien aussi qui
soit plus agreable, plus tou-
chant, & qui gagne plus le
cœur, que l'affabilité & la
soumiſſion. C'eſt un caractere que Dieu a imprimé à
toutes les vertus qui éma-
nent de luy, de fraper les
yeux & d'attendrir le cœur
de ceux qui les voyent pratiquer : mais ſur tout il a par-
ticuliement revêtu l'humilité de cette gloire. D'où
vient même que quelque
défaut d'adreſſe qui acom-
pagne l'action d'une per-
ſonne que l'on ſçait eſtre
humble & modeſte, bien
loin de s'en choquer, chacun le prend en bonne part
& l'excuſe ; au lieu que de
quelque politeſſe dont un
homme fier & ſuperbe af-

saisonne ce qu'il fait , tout déplaist, tout offence.

La modestie est donc l'effet de l'humilité, comme la bienseance de nos actions est l'effet de nostre modestie.

CHAP. 3.

A Cela il faut ajoûter le discernement des choses honnêtes & déshonnêtes , convenables & disconvenables : Car bien qu'vn homme fût humble , si en même tems il étoit stupide, ou qu'il voulût faire le singulier, il ne passeroit jamais ni pour modeste , ni pour civil, & ne seroit nullement propre à vivre parmi les honnêtes gens.

Or pour faire le discernement des choses qui sont

bienſeantes d'avec celles qui ne le ſont pas , il ſeroit en premier lieu à deſirer que l'on eût naturellement bon ſens & bon jugement , pour de ſoy-même connoître la qualité differente de chaque choſe : Car bien ſouvent, faute d'eſprit, on prend le change , & on tombe dans l'extrèmité , faiſant myſtere des choſes frivoles, & paſſant au contraire legerement par deſſus d'autres qui ſont tres conſiderables.

En ſecond lieu , que l'on obſervât exactement ce que l'vſage à établi parmi nous pour honnête , ou pour déshonnête.

En troiſieme lieu, que l'on prît bien garde de ne pas

confondre la familiarité avec la bienſeance.

Pour le premier , on n'a point de preceptes à donner , c'eſt un bien qui nous vient de la nature ſans le ſecours de l'art ; ſi ce n'eſt peut-eſtre que par une bonne éducation , & par une étude & une application extraordinaire ſur nous mêmes , nous ne corrigions & rectifions en quelque façon ce défaut naturel.

Pour le ſecond, il faut ſçavoir que cet uſage s'eſt formé tant du conſentement general des honnêtes gens, que des regles de la bienſeance que la nature même nous a preſcrites. Il ſe l'eſt propoſé comme ſon guide & ſon-modele , pour la ſuivre

dans les choſes qu'elle même nous inſpire eſtre bonnes & honnêtes ; & pour
imiter ſa pudeur & ſa retenuë dans celles qu'elle nous
repreſente comme indecen-
tes. e

Par exemple, elle nous a
tellement obligez de nous
conduire ſelon les talens
qu'elle nous à donnez, f que
ſi nous pretendons ſortir de
ces bornes & nous contre-
faire, ſoit dans la parole,
ſoit dans l'action, comme il
arrive à pluſieurs qui ſe font
la voix languiſſante, ou la
langue graſſe, & qui affe-
ctent un certain marcher, &
des geſtes qu'ils n'ont point
de la nature, la contrainte
& l'irregularité paroiſſent
celles que l'on affecte d'avoir. *R.flex. mor.*

e Quod ſi ſequamur ducem naturam, nunquam aberrabi-
mus. *Cic. ib.*

f Admo-
dum autem tuenda ſunt ſua cuique non vitio-
ſa, ſed tamen pro-
pria, quò facilius de-
corum tueatur. *ib.*

On n'eſt jamais ſi ridicule par les qualitez que l'on a, que par

g Id maximè quemque decet quod eſt cujuſque ſuum maximé. *Cic. id.*

In omni genere quæ ſunt recta & ſimplicia laudantur. *Ib.*

L'imitation eſt toûjours malheureuſe ; Et tout ce qui eſt contrefait déplaît, avec les mêmes choſes qui charment, lors qu'elles ſont naturelles. *Reflex. mor.* 245.

auſſi-toſt , & chacun d'un commun conſentement , & par l'inclination que l'on a à aimer la verité & la ſimplicité , y trouve une indecence qui le choque. g

De méme la nature ayant voulu cacher certaines parties de nôtre corps , & certaines actions ; le conſentement & l'vſage s'accordent tellement à les tenir cachées pour garder l'honnêteté, que celuy·là paſſeroit pour le plus deshonnête du monde, qui découvriroit publiquement ce qui ne ſe doit point découvrir , ou feroit quelques actions , & profereroit quelques paroles pour les exprimer contre l'honneur,

neur, pour ainſi dire , & la
pudeur de la nature. [h]

[h] *Quæ enim natura occultavit, eadem omnes , qui ſana mente ſunt , removent ab oculis , ipſique neceſſitati dant operam, ut quàm occultiſſimé pareant. Cic ib.*

Pour les autres actions dont la nature ne ſe cache point , & qui nous ſont cependant communes avec les animaux , comme cracher, touſſer , éternuër, manger, boire , &c. parce que la raiſŏ nous dicte naturellement, que plus nous nous éloignŏs de l'exemple des beſtes , plus nous nous aprochons de la perfection où l'homme tend par un principe naturel, pour répondre à la dignité de ſon eſtre ; le conſentement de l'honnêteté veut auſſi , que puiſque l'on ne peut ſe diſpenſer de ces actions , qui

B

font naturellement indif-
penfables , on les faffe le
plus honnêtement , c'eft à
dire le moins approchant
des beftes qu'il eft poffible.

Il en eft de même de cer-
taines chofes qui ne dépendent point de la nature, mais
que ce même confentement
a introduites de tout tems
parmi nous , comme de fe
découvrir la tefte pour témoigner nôtre refpect , de
donner le pas à une porte,
le hautbout dans une chambre ou à table la main droite
ou le haut du pavé dans une
ruë , &c. Car ces chofes font
auffi tellement de l'effence
de la civilité , que fi un homme n'ofte pas le chapeau
pour refaluër , jufqu'aux
perfonnes de la plus petite

condition qui l'auront sa-
lué les premieres , il paſſera
pour un homme tres-incivil
& mal élevé.

Quant au troiſiéme moyen
que nous avons dit eſtre neceſſaire pour faire un bon
diſcernement, il conſiſte, à
bien diſtinguer la familiarité
d'avec la bienſeance : Et il
eſt en effet d'autant plus im-
portant , qu'en certaine rencontre la familiarité peut
eſtre tout a fait bienſeante
& honnête, là où elle ſeroit
ailleurs extrémement deſa-
greable & choquante.

Pour la connoiſtre; Il faut
ſçavoir premierement , que
la familiarité eſt une liberté
honnète entre des perſonnes qui
parlent ou agiſſent enſemble,
par laquelle on convient reci-

*proquement & tacitement de
prendre en bonne part ce qui
choqueroit en le prenant à la
rigueur.*

De plus il faut remarquer,
que toute la conversation
des hommes se passe , ou
d'égal à égal , ou d'inferieur
à superieur , ou de superieur
à inferieur.

Et enfin , que tout ce qui
se traite dans le monde , se
traite ou entre des personnes qui ont une longue habitude ensemble , ou entre
celles qui en ont peu , ou
entre celles qui n'en ont
point du tout.

D'égal à égal, si l'on se connoît beaucoup , la familiarité est une bienseance ? si
l'on se connoît peu , elle est
une incivilité ; & si l'on ne se

connoît point du tout , c'eſt
une legereté d'eſprit.

D'inferieur à ſuperieur , ſi
l'on ſe connoît beaucoup,ou
ſi l'on ſe connoît peu(à moins
d'ũ commandement exprés)
la familiarité eſt une effronterie ; & ſi l'on ne ſe connoît
point du tout , c'eſt une in-
ſolence.

De ſuperieur à inferieur,
la familiarité eſt toûjours
dans la bienſeance,& elle eſt
même obligeante pour celuy
qul la reçoit.

Ainſi ſelon ces remarques,
toutes nos actions à l'égard
des autres , ſont ou abſoluës,
ou indépendantes , ou dé-
pendantes , ſelon la diffe-
rence des trois ſortes de perſonnes,ſuperieures, égales &
inferieures. Aux premieres

tout eft permis , parce qu'elles commandent aux autres,
beaucoup de chofes fe fouf-
frent , parce qu'on n'a pas
droit de les cenfurer ; & aux
dernieres , rien n'eft bien-
feant que ce qui eft dans les
regles de la modeftie. C'eft
pourquoy aux deux premie-
tes efpeces convient la familiarité , & non pas à la derniere, fans l'ordre exprés de
la perfonne de qui nous dé-
pendons.

Mais comme ces principes
generaux pourroient beau-
coup feruir à une perfonne
qui fçauroit les appliquer à
toutes fes actions : Il eft fans
doute auffi que qui pourroit
reduire ces regles à certains
chefs , & les expliquer dans
le détail , elles feroient bien

plus intelligibles & bien plus efficaces.

Nous en pouvons faire icy la tentative en prenant l'exemple de la converſation d'un inferieur avec un ſuperieur qui ſe connoiſſent peu l'un l'autre, comme de l'eſpece qui à le plus beſoin par tout, de bons preceptes. Suivons donc le jeune homme que nous devons polir chez un Grand, par tous les lieux, & dans tous les tems qu'il peut converſer avec luy.

POvr commencer par la porte de la maiſon d'un Prince, ou d'un grand Seigneur, c'eſt inciuilité de heurter fort, & plus d'un coup.

CHAP. 4.

A la porte des Chambres

ou du Cabinet, c'eſt beſtiſe & manque de reſpect, de heurter; il faut grater.

Et quand on grate à la porte chez le Roy & chez les Princes, & que l'Huiſſier vous demande vôtre nom, il le faut dire, & jamais ne ſe qualifier de Monſieur.

Il n'eſt pas de la bienſeance de s'enveloper de ſon manteau, quand on entre; ou dans la maiſon, ou dans les chambres : Chez le Roy entrant ainſi, on s'expoſeroit à quelque correction.

C'eſt effronterie d'entrer de ſoy-même ſans eſtre introduis.

Que s'il n'y à perſonne pour nous introduire, & que l'on s'en rapporte à nous pour entrer ; Il faut voir doucement

doucement si la porte est
fermée par derriere : si elle
l'est , il ne faut pas la pousser , n'y rien faire à l'étour-
die , comme si on vouloit
rompre la serrure : mais il
faut attendre patiemment
qu'on l'ouvre , ou grater
doucement. Que si personne
ne vient , il faut s'en éloigner , de peur que l'on ne
soit trouvé comme écou-
tant, & faisant l'espion , ce
qui offence extrémement
ceux qui sçavent vivre.

Il est de la civilité d'avoir
la teste nuë dans les sales , &
dans les anti chambres : Et
avec cela il faut remarquer
que celuy qui entre , est toûjours obligé de saluër le premier.

Il y en a même qui ayant
C

apris le rafinement de la civilité dans quelque païs
étranger, n'ofent ni fe couvrir, ni s'affeoir le dos tour-
né au portrait de quelque
perfonne de qualité emi-
nente.

C'eft contre la civilité,
de dire à vne perfonne au
deffus de vous, de fe couvrir : mais c'eft auffi une incivilité, fi vous vous cou-
vrez vous même, de ne point
faire couvrir la perfonne
avec laquelle vous parlez,
quand elle feroit de beaucoup voftre inferieure, n'e-
tant pas dans voftre dépendance.

C'eft s'expofer à un af-
front, que d'avoir fon chapeau fur la tefte, dans la
chambre où l'on a mis le

couvert du Roy , ou de la Reyne : Et même lors que les Officiers portant la nef & le couvert , paſſent devant vous , il faut ſe découvrir.

Dans la chambre où eſt le lit , on demeure auſſi découvert : Et même chez la Reyne , les Dames en entrant ſaluënt le lit , & perſonne n'en doit aprocher quand il n'y à point de baluſtre.

A l'égard des Dames , il eſt bon de ſçavoir , qu'outre la reverence qu'elles font pour ſaluër, il y à le maſque, les coëffes , & la robe , avec quoy elles peuvent témoigner leur reſpect : Car c'eſt, par exemple , incivilité aux Dames , d'entrer dans la chambre d'une perſonne à

qui l'on doit du refpect , la
robe trouffée , le mafque au
vifage , & les coëffes fur la
tefte , fi ce n'eft une coëffe
claire. Et il eft auffi à remarquer que la reverence ne
doit jamais eftre , ni courte
ni trop precipitée, mais baffe
& grave , où il y a lieu de la
faire, ou au moins en s'inclinant un peu du corps,quand
on ne fait que paffer.

C'eft incivilité auffi d'a-
voir fon mafque fur le vifage en un endroit où fe trouve une perfonne d'eminente
qualité , & où l'on en peut
eftre aperçu , fi ce n'eft que
l'on fût en caroffe avec
elle.

C'en eft une autre, d'avoir
le mafque au vifage en fa-
lüant quelqu'vn , fi ce n'é-

toit de loin , encore l'ofte
t'on pour les perfonnes Ro-
yales.

En la chambre d'une per-
fonne de grande qualité ou
le lit eft clos , c'eft incivilité
de s'affeoir fur le baluftre.

C'en eft auffi une , de s'a-
puyer ou s'affeoir fur les bras
ou fur le doffier de la chaife
du Roy , qui eft d'ordinaire
tournée contre la muraille.

Il n'eft auffi nullement de
la politeffe , de fe promener
dans l'anti - chambre en attendant : cela même eft deffendu chez le Roy ; & fi on
le fait , les Huiffiers vous
font reprimende , ou vous
font fortir.

Il n'eft pas de la bienfeance non plus , de chanter ou
de fiffler en attendant , com-

me l'on dit, pour se defen-
nuier : Ce qu'il faut aussi se
garder de faire dans les ruës,
ou autres lieux où il y a con-
cours de monde.

CHAP. 5. COMME c'est une marque
de legereté d'esprit, ou
de vanité, d'entrer effron-
tément en un lieu où il y a
des personnes occupées ensemble (je dis quand il seroit permis d'y entrer) à
moins que l'on n'y ait quelque grande affaire, ou qu'on
le puisse, sans se faire regarder : c'est aussi le propre d'u-
ne personne éventée en s'a-
prochant de quelque com-
pagnie, de crier à ceux que
nous connoissons le plus,
comme quelques uns font
à gorge déployée. *Monsieur*

ou *Madame, voftre ferviteur ;
ie vous donne le bon iour*, *&c.*
mais il faut s'aprocher doucement,& quand on eft tout
contre , faire fon compli-
ment d'un ton de voix mo-
defte.

Que fi l'on vous fait civilité , & qu'on fe leve pour
l'amour de vous , il faut bien
fe garder de prendre la place de perfonne ; mais il faut
fe mettre à une autre, & méme à la derniere : obfervant
neanmoins que c'eft une
grande incivilité,de s'affeoir
en un lieu où il y a des perfonnes à qui nous devons du
refpect, qui foyent debout.

Moins encore faut il de-
mander dequoy l'on s'entre-
tenoit ; ou fi l'on trouve le
difcours entamé, l'interrom-

pre , & témoigner de la curiofité , en demandant in-
civilement, *qui eft celuy là?*
qui a fait , ou dit cela? &c. &
particulieremét fi on remarque , que l'on parle en mots
couverts.

Que fi l'on entre en con-
verfation, c'eft vne incivilité de parler à quelqu'vn de
la compagnie , ou dans la
rencontre à vn valet, en vne
langue que le refte de la
compagnie n'entende pas.

Il eft de même incivil, de
leur parler à l'oreille ; & encore plus de rire , apres leur
avoir ainfi parlé : car plufieurs s'en offencent.

Il feroit inutile de marquer
ici , ce que l'on dit tous les
jours aux enfans, que quand
on doit répondre *oüi* ou *non,*

il faut toûjours y ajoûter *Monsieur*, *Madame*, *Monseigneur*, &c. oüi *Monsieur*, oüi *Madame*, &c. On sçait aussi que lors que l'on doit répondre *non* pour contredire quelque personne de qualité, il ne le faut jamais faire crûment, mais par circonlocution, en disant, par exemple, *vous me pardonnerez, Monsieur, &c. je vous demande pardon, Madame, si j'ose dire que la coqueterie est un mauvais moyen pour plaire,* &c.

On n'ignore pas non plus, que c'est vne plaisanterie vilageoise de joindre le *Monsieur* ou le *Madame* à quelque mot qui puisse faire équivoque; comme, *ce livre est relié en veau, Monsieur; c'est là vne belle cavale, Madame; il estoit monté sur un asne, Monsieur, &c.*

Il est aussi de l'incivilité de joindre aprés le *Monsieur* ou le *Madame*, le surnom, ou la qualité de la personne à qui on parle ; comme, *oüy Monsieur Ciceron* : *oüi Monsieur le Consul*, en parlant à luy-même ; au lieu de dire simplement, *oüi Monsieur.*

C'est de même insulter à une personne, que de luy répondre, comme font la plûpart, quand elle nous dit quelque chose d'obligeant, ou qu'elle repugne à nostre civilité, *vous vous moquez, Monsieur.* Il ne faut point du tout se servir de cette façon de parler, mais tourner la phrase autrement, & dire;

vous me donnez de la confusion,
Monsieur, c'est mon devoir, &c.

Il est de méme offençant,
lors que l'on conte quelque
auanture, & particuliere-
ment si elle est odieuse, de la
mettre insensiblement sous
le nom de celuy à qui on
parle, au lieu d'user d'un ter-
me indefini : comme quand
pour dire, par exemple, *on*
s'emporte ; on dit quelque chose
de desobligeant, & l'on a sur
les oreilles ; on dit inconside-
rément *vous vous emportez ;*
vous dites quelque chose de de-
sobligeant ; & l'on vous donne
sur les oreilles.

Comme aussi il faut éviter
d'user de mots de comman-
dement pour tout ce qu'on
veut dire à quelqu'un en s'a-
dressant à luy ; mais s'acoû-

tu mer à tourner la phrase par circonlocution, ou par quelque mot indefini, comme au lieu de dire *allez*, *venez*, *faites cecy*, *dites cela*, &c. il faut dire par circonlocution, *vous feriez bien d'aller* ; *trouveriez vous pas à propos de venir*, &c. *il faudroit ce me semble faire cela*, &c. au lieu, tout de même de dire, *vous vous moquez de dire cela*, parce que ce discours est offençant, il faut tourner par l'indefini, *ce seroit se moquer de dire cela*.

C'est vne simplicité à vn homme qui veut passer pour sçavoir son monde, de parler de sa femme, de ses enfans, & de ses proches pour les loüer devant vne compagnie ou il y a des personnes de qualité, quoy que

l'on puisse en parler , si cela
vient à propos, sans rien exa-
gerer.

Il en est de même de trop
aplaudir aux loüanges qu'on
leur donne , aussi bien que
de nommer sa femme par
le nom & par la qualité que
l'on a , ou par quelque ter-
me badin;comme,par exem-
ple , si c'estoit Ciceron qui
parlât , ou vn President , &
qu'il dit voulant nommer sa
femme , *Madame Ciceron,*
Madame la Presidente , mon
cœur, ma fafan est la plus cecy :
est la plus cela , &c. au lieu de
dire simplement *ma femme ;*
Pour vne femme parlant de
son mary , elle peut l'appeler
par le nom qu'il a , devant
des gens de mediocre qualité en y ajoûtant *Monsieur ,*

s'il n'eſt luy même de baſſe
condition : Mais devant des
perſonnes eminentes, il faut
dire ſimplement mon mary.
Au reſte un mary eſt tout à
fait ridicule de careſſer ſa
femme devant le monde.

Il eſt pareillement incivil
de s'enquerir trop particulierement d'un mary ſur le
ſujet de ſa femme, à moins
que l'on n'eût eſté abſent à
la campagne, ou que l'on
ſçût qu'elle fût malade : encore ne le faudroit-il point
faire du tout à l'égard d'un
mary à qui nous devrions du
reſpect.

Et s'il arrive qu'on doive le
demander, il faut prendre le
contrepied du langage du
mary : car au lieu que pour
parler ſainement, il ne doit

dire que *ma femme*, en parlãt d'elle ; il ne faut point dire en parlant à luy de sa femme, *quel âge*, par exemple, *à Madame voftre femme ? comment se porte Madame voftre femme ?* mais se servir alors du nom ou de la qualité du mary , pour parler de sa femme : *quel âge auroit bien Madame Ciceron ? ie souhaite que la santé de Madame la Prefidente,* ou *la Maréchale foit parfaite.*

On passe de même pour ridicule, si en presence de personnes qualifiées, ou si l'on n'est foy-même de grande qualité, on donne à ses proches des titres d'honneur,quoy que nous devions en parler avec respect ; comme de dire , *Monfieur mon*

pere, *Madame ma mere*, &c.
il faut simplement dire, *mon
pere*, *ma mere*, &c. & même
de grands enfans n'ont pas
de grace de dire, *mon papa*,
maman, & encore moins en
les appelant de leur nom, ou
de leur qualité.

Il n'est pas pareillement
de la civilité, quand on parle à vn tiers d'vne personne
de qualité en sa presence, de
la nommer, & de continuër
par luy ; comme, par exemple , je veux parler à Ciceron de Cesar devant Cesar
même , si je dis, *Monsieur
Cesar a fait merveilles dans les
Gaules*, &c. & que Ciceron
me demandât *qui fut-ce qui
prit Gergovia ?* je répondisse,
ce fut luy ; ie laisse quelque
idée de mépris à Cesar qui
entend

entend luy - même ce dif-
cours ; il faut donc fimple-
ment dire , *c'eft Monfieur qui
a pris Gergovia.* Cela eft de
même offençant , de mon-
trer avec le doit celuy dont
l'on parle, s'il eft prefent.

C'eft auffi manquer à la civilité, que de faire faire des
recommandations, ou baife-
mains à une perfonne par
une autre qui eft au deffus
d'elle, & à qui nous devons
du refpect.

C'eft pareillement man-
quer au refpect , & s'expofer
à la derifion , que de fe mê-
ler dans le recit & la converfation que fera dans cette
compagnie, une perfóne qui
fera noftre fuperieur ; il ne
nous eft pas permis alors de
parler , fi l'on ne nous inter-
roge.   D

C'eſt même une incivilité
de répõdre le premier à une
perſonne de cõdition, quand
elle demande quelque choſe
en preſence d'autres perſonnes qui ſont au deſſus de
nous ; je dis quand il ne s'a-
giroit mémes que de choſes
fort communes ; comme ſi
elle demandoit, *qu'elle heure
eſt-il ? quel iour eſt-il auiour-
d'huy ?* il faut laiſſer répondre les perſonnes les plus
qualifiées, devant nous, à
moins que l'on ne s'en rap-
portât directement à nous.

C'eſt auſſi une incivilité de
couper le diſcours à une perſonne que nous voulons reſpecter, quand elle heſite en
parlant, à trouver ce qu'elle
veut dire, ſous pretexte de
luy ſoulager la memoire ;

comme si elle disoit, *Cesar défit Pompée à la bataille de. de. de.* & que nous ajoûtassions *de Pharsale* ; il faut attendre qu'elle nous le demande.

Tout de méme il n'est pas permis de redresser cette personne, quand méme en parlant, elle s'abuseroit : car c'est une espece de démanti; Comme si elle disoit, *c'est une marque du bon naturel de Darius d'avoir pleuré en voyant Alexandre mort* , où Alexandre est pris pour Darius ; il faut attendre que cette personne se reprenne, ou vous donne occasion de parler vous méme de cette matiere, & de la détromper : ce qu'il faut faire alors sans aucune affectation, de peur de la mortifier. D ij

Comme aussi en parlant, c'est une incivilité de dire à la même personne, *vous m'entendez bien, m'entendez vous ? je ne sçay si je m'explique, &c.* il ne faut rien dire, mais poursuivre son discours ; & si de vous même vous remarquez qu'elle ne vous entende point, il faut repeter ou éclaircir, mais en peu de mots, ce que vous avez dit.

Il est ridicule en racontant une histoire, de dire presque à chaque parole, *ce dit il, ce dit-elle, &c.*

Il faut s'abstenir aussi de rien dire, qui puisse faire mal au cœur, ni de faire souvenir des gens de certaines rencontres, qui ne leur sont point du tout avantageuses.

Il faut s'abſtenir de dormir,
de s'alonger , & de bailler
quand les autres parlent,
c'eſt une ſtupidité tres-des-
honnête ; & ſon contraire
qui eſt un trop grand en-
joüement, ſent ſon écolier :
Il faut donc s'abſtenir de
joüer des mains, en donnant
des coups , & faiſant piece
à l'un & à l'autre pour rire,
comme l'on dit : il en peut
même arriver à la fin quelque affaire , ſi le monde ne
ſe trouve pas diſpoſé à l'im-
portunité de ces jeux.

Il n'eſt pas non plus d'un
homme de qualité , s'il ſe
trouve en compagnie de Dames, de patiner , & de porter la main, tantoſt à un endroit, tantoſt à un autre :
de baiſer par ſurpriſe , d'ô-

ter la coëffe, le mouchoir, &c.

C'eſt auſſi contre le reſpect de ſe prendre une dent evec l'ongle du pouce, pour exprimer un dédain;comme quand on dit, *ie ne m'en ſoucie non plus que de cela*, tirant le bout de la dent avec l'ongle : la méme choſe eſt de faire nargue avec les doits, &c.

Il eſt auſſi fort indécent dans une compagnie de Dames, & méme en toute autre compagnie ſerieuſe, de quitter ſon manteau , d'oſter ſa perruque, ou ſon pourpoint, de ſe couper les ongles, de racommoder une jartiere, un ſoulier qui bleſſe , de prendre ſa robe de chambre, & ſes pantoufles pour

se mettre, dit-on, à son aise.
Ce seroit la même chose, si
un officier de Cavalerie paroissoit dans un Camp en
souliers,& non avec la botte,
devant son General.

Il est de même fort in-
commode & fort déplaisant,
d'entendre toûjours en compagnie une persône se plaindre de quelque mal , ou de
quelque indisposition : On
l'attribuë ou à stupidité , ou
à hypocrisie ; croyant que
c'est, ou pour couurir par ce
vain & continuël pretexte,
le peu d'esprit que l'on a
pour fournir à la conversation ; ou pour avoir lieu de
prendre impunément ses
aises , en importunant les
autres.

Il est de fort mauvaise gra-

ce quand quelqu'un mon-
tre à la compagnie quelque
bijou , ou autre chofe , de
mettre d'abord la main deffus pour le regarder des premiers : il faut moderer fa
curiofité , & attendre qu'il
faffe le tour jufqu'à nous,
pour le voir. Quant c'eft à
noftre tour, il n'eft pas bien-
feant de fe pâmer d'admira-
tion , ni de s'épuifer en
loüanges, comme font quelques uns , qui témoignent
par ce grand étonnement ,
n'avoir jamais rien vû , &
par ces loüanges impropres
& univerfelles, ne s'entendre
point à la valeur des chofes.
Il ne faut pas eftre non plus
indiffrent n'y froid à efti-
mer & à loüer ce qui eft
loüable ; c'eft une marque
d'envie

d'envie malséante à tout le monde , & sur tout à une personne bien née : mais il faut estre en cela modeste & équitable.

Il est bon d'avertir ici, qu'il faut toûjours oster son gand & baiser la main en prenant ce que l'on nous presente : comme aussi en rendant, ou donnant quelque chose à quelqu'un : mais si on nous demande cette chose là , il faut la presenter promtement , de peur de faire attendre , & puis l'ayant presentée , il faut baiser la main.

Que si pour revenir au bijou, on le renfermoit avant qu'il vint jusqu'a nous , il ne faut point en témoigner d'empressement, mais il faut supprimer tout d'un coup l'envie que nous aurions de le voir, remarquant cependant qu'il eſt incivil de le montrer à l'un, & de ne le pas faire voir au reſte de la compagnie.

C'eſt de même une grande indiſcretion, de regarder par deſſus l'épaule de quelqu'un qui lit ou écrit, ou de jetter curieuſement les yeux ſur des papiers qui ſont ſur une table.

Comme auſſi de s'approcher trop prés de ceux qui comptent de l'argent, ou d'un coffre fort, ouvert, ou bien d'un cabinet dans lequel on cherche des bijoux, ou autre choſe. i Et même ſi l'on eſtoit dans un cabinet avec cette perſonne, &

i Ni los ojos à las cartas ; ni las manos à las arcas Refranes.

qu'elle fût obligée de fortir pour quelque affaire, il faut fortir auffi, & attendre hors du cabinet qu'elle revienne.

C'eſt une incivilité de lire devant des perſonnes de qualité, quelque papier, ou quelque lettre que l'on nous viendroit de rendre; à moins que ces perſonnes y prenant intereſt, ne nous y obligeaſſent par un ordre exprez.

Que ſi quelqu'un arrive de nouveau, ou qu'une perſonne de la compagnie ſe leve pour s'en aller, ou pour faire honneur à celle qui entre, quand même celuy qui entre ſeroit noſtre inferieur, il faut ſe lever auſſi par civilité.

Que s'il arrive quelqu'un

qui nous veüille parler, quand même ce ne seroit qu'un laquais de la part d'une personne pour laquelle nous devions avoir du respect, il faut se lever de son siege, & le recevoir debout & découvert.

Et si on est obligé d'aller, & de venir devant des personnes de qualité, il faut pour la bienseance, tascher d'aller toûjours par derriere.

Mais il faut bien se garder d'aller se méler avec des gés qui seront dans un entretien particulier : ce qui se reconnoistra, ou parce qu'ils se retirent à part, ou parce qu'ils parlent tout bas, ou bien parce qu'ils changent de discours quand nous nous en

aprochons ; ce qu'ayant remarqué, il faut doucement
fe retirer, de peur de tomber
dans une groffiere indifcre-
tion.

Et pour ce qui eſt des
cõpagnies aſſemblées pour
quelque ceremonie , il eſt
bon d'avertir qu'il faut avoir
égard à deux ſortes de perſonnes dans ces ſolemnitez.
La premiere, eſt de ceux qui
font les auteurs de la ceremonie ; Et la ſeconde de
ceux qui en font ſeulement
les conviez.

Pour les auteurs, quand il
s'agit du ſerieux de la ceremonie, il faut toûjours leur
ceder, quand mêmes ils
feroient nos inferieurs. Par
exemple, ſi ce font perſonnes qui ſe marient, l'Epoux

& l'Epousée, leurs proches,
& les gens d'Eglise, doivent
estre privilegiez, & il est de
la civilité de leur faire honneur, fussent-ils de beaucoup
au dessous de nous.   Si c'est
à un Batême, les Comperes,
Commeres, l'Enfant, la Sage-
femme, & les Matrones, qui
sont de l'essence de la ceremonie,   doivent preceder.
Si c'est à un Enterrement,
les Parents du mort doivent
avoir la premiere & la plus
honnorable place.   Si c'est
dans une Eglise à une pro-
cession, à une offrande, &c.
les Marguilliers & Officiers
de l'Eglise doivent passer les
premiers.

Pour les conviez, si l'on
est de ce nombre, il ne faut
point prendre soy-même de

place, s'il y a un Maiftre de ceremonie qui en donne: mais s'il n'y en a point, & que les places foient à la liberté d'un chacun, il eft de la difcretion de laiffer les premieres vuides pour des perfonnes plus qualifiées, à moins que l'on fût d'un caractere & d'une dignité qui obligeât, fuivant l'ufage du monde, à fe faire honneur foy-méme, en fe plaçant un peu honneftement, non pour l'amour de foy-mefme, mais pour le refpect de la compagnie dont on feroit membre ou du Prince dont on feroit miniftre, &c.

A la Comedie, dans les loges, fi elles font proches du theatre, les moindres places font les premieres, & les

E iiij

meilleures font les plus re-
culées ; fi les loges font
éloignées, c'eft tout le contraire.

En general, à l'égard de
toutes fortes de perfonnes,
la civilité concernant la
preseance fe doit mefurer
fur ce que l'on eft foy - mef-
me ; & enfuite fur ce que font
les autres. Communément il
eft loüable & de la civilité,
de ceder aux Ecclefiafti-
ques à caufe de leur caractere ; aux Magiftrats fur lef-
quels rejalit quelque rayon
de la majefté de la loy,
dont-ils font les depofitaires
au nom du Prince ; aux perfonnes qui ont des dignitez
publiques ; à ceux qui font
de qualité par leur naiffance ; aux Dames ; aux per-

sonnes âgées ; & à ceux qui ont quelque talent extraordinaire par lequel ils se sont rendus celebres.

A L'égard d'un Grãd, entrant dans sa chambre ou dans son cabinet, il faut marcher doucement, & faire une inclination du corps & une profonde reverence, s'il est present : Que s'il ne paroissoit personne, il ne faut pas fureter çà & là , mais sortir sur le champ , & attendre dehors. k

Si cette personne est malade & au lit, il faut s'abstenir de la voir, si elle ne le demande : Et si nous la voyons, il faut faire la visite courte, parce que les malades sont inquiets, & sujets

CHAP. 6.

k Incivile est eum salutare qui reddit urinam , aut alvum ex onerat. *Erasm. coll. in Princ.*

aux remedes & au tems : Il faut de plus, parler bas, & ne l'obliger que le moins qu'il se peu, à parler.

Mais sur tout, il faut observer que c'est une tres-grande indécence de s'asseoir sur le lit, & particulièrement si c'est d'une femme : Et méme il est en tout tems tres mal seant & d'une familiarité de gens de peu, lors que l'on est en compagnie de personnes sur qui l'on n'a point de superiorité, ou avec qui l'on n'est pas tout à fait familier, de se veautrer sur un lit, & de faire ainsi conversation.

Si cette personne écrivoit lisoit, ou étudioit, il ne faut pas la détourner, mais attendre qu'elle ait achevé, ou qu'elle se détourne elle mesme ; afin que nous luy parlions.

Si elle nous ordonne de nous asseoir, il faut obeïr avec quelque petite demonstration de la violence que souffre nostre respect, & observer de se mettre au bas bout, qui est toûjours du côté de la porte par laquelle nous sommes entrez, comme le haut bout est toûjours où la personne qualifiée se met.

De mesme il faut prendre un siege moins considerable que le sien, s'il y en a ; le fauteüil est le plus honnorable, la chaise à dos va aprés, & ensuite le siege pliant.

C'est une chose tout à fait

indécente de se presenter devant des personnes au des-sus de nous, & particuliere-ment devant des Dames, en montrant la peau à travers la chemise & le pourpoint; ou ayant quelque chose d'entre-ouvert, qui doit estre clos pour l'honnêteté.

Quand on s'assied, il ne faut pas se mettre coste à coste de la personne quali-fiée, mais vis à vis, afin qu'el-le voye que l'on est tout prest à l'écouter: Il faut avec cela se tourner le corps un peu de costé & de pourfil, parce que cette posture est plus respectueuse que de se tenir de front.

Il ne faut pas se couvrir si elle ne le commande; il faut avoir ses gands aux mains;

& se tenir tranquille sur son siege ; ne point croiser les ge-noux ; ne point badiner avec ses glands, son chapeau , ses gands,&c. ni se foüiller dans le nez , ou se grater autre-part.

Il faut éviter de bâiller,de se moucher , & de cracher ; & si on y est obligé la , & en d'autres lieux que l'on tient proprement , il faut le faire dans son mouchoir,en se dé-tournant le visage , le cou-vrant de sa main gauche , & ne point regarder aprés dans son mouchoir.

Il ne faut point prendre de tabac en poudre , si la per-sonne qualifiée qui est en droit d'en prendre devant nous , ne nous en presentoit familierement ; auquel cas il

faut en prendre, ou en faire
le semblant, si on y avoit repugnance.

Si l'on est assis auprés du
feu, il faut bien se donner
de garde de cracher dans le
feu, sur les tisons, ni contre
la cheminée; moins encore
faut - il s'amuser à badiner
avec les pincettes, ou à ti-
sonner le feu. Que si cette
personne témoignoit devou-
loir acommoder le feu, alors
il faut se saisir promtement
des tenailles ou pincettes
pour la soulager de cette
peine, à moins qu'elle ne
le voulût absolument faire
elle-mesme pour son divertissement.

Il ne faut pas aussi se lever
de dessus son siege pour se
tenir debout, le dos au feu;

mais si cette personne se le-
voit, il faudra se lever aussi.

Que si par avanture il ne
se trouvoit qu'un écran dans
le lieu où vous seriez chez
cette personne, & qu'elle
vous contraignit de le prendre, aprés luy avoir témoi-
gné la violence que l'on se
fait en l'acceptant, il ne la
faut pas refuser; mais incon-
tinant aprés, sans qu'elle s'en
apperçoive, il le faut mettre
doucement de costé, & ne
s'en point servir.

Comme aussi, si par quel-
que occasion cette personne
se trouvoit chez vous auprés
du feu, il ne faut pas souffrir
qu'un laquais luy presente
un écran, mais vous devez
luy presenter vous mesme.

Et s'il arrivoit que l'on fût

ſi ſeul, qu'il falut ſoy-même
moucher la chandelle , il
faut bien ſe garder de la
moucher avec les doits, mais
le faire avec les mouchettes
& proprement,de peur qu'elle ne ſente mauvais.

Pour ce qui eſt des Dames,
c'eſt vne immodeſtie tres-
grande de trouſſer leurs ju-
pes auprés du feu , auſſi bien
qu'en marchant par les ruës.

Il ne faut pas quand on
parle, faire de grands geſtes
des mains ; cela ſent d'ordinaire les diſeurs de rien , qui
ne ſont pathetiques qu'en
mouvemens & contorſions
de corps.

Mais il eſt ridicule en voulant parler à vn homme , de
luy prendre & tirer ſes bou-
tons , ſes glands , ſon bau-
drier,

drier, son manteau ; ou de luy donner des coups dans l'estomac , &c. il s'en fait quelquesfois un spectacle des plus divertissans , quand celuy qui se sent poussé & tiraillé , recule , & que l'autre n'apercevant pas son absurdité, le poursuit & le recogne jusqu'à luy faire demander quartier.

Il est mal seant aussi de faire de certaines grimaces d'habitude, comme de rouler la langue dans la bouche, de se mordre les levres , de se relever la moustache, de s'arracher le poil, de cligner les yeux , de se froter les mains de joye , de se faire craquer les doits en se les tirant l'vn aprés l'autre , de se grater , de tressaillir des épaules , &c.   F

Il eſt de même tres-mal ſeant quand on rit de faire de grands éclats de rire, [1] & encore plus de rire de tout, & ſans ſujet.

Que ſi par hazard cette perſonne laiſſoit tomber quelque choſe , il faut en cette rencontre comme en toute autre , le ramaſſer promtement ; & ne pas ſouffrir qu'elle ramaſſe rien de ce qui nous ſeroit tombé, mais il faut le ramaſſer viſtement ſoy-même.

Que ſi elle éternüoit, il ne faut pas luy dire tout haut, *Dieu vous aſſiſte* : mais il faut ſeulement ſe découvrir , & faire vne profonde reverence , faiſant ce ſouhait interieurement.

Et s'il arrivoit qu'elle ſe

mît en peine d'appeler quelqu'vn qui ne fût pas fous fa
main, il faut fortir pour l'a-
ler appeller foy même, & il
ne faut pas l'appeller tout
haut fur le degré,ou par la feneftre, mais le chercher où il
fera pour le faire venir ; car
autrement c'eft contre le refpect. D'où vient que gene-
ralement parlant, les gés qui
fçavent vivre, prefument de-
favantageufement d'vn Maî-
tre ou d'vne Maiftreffe,chez
qui les domeftiques font fi
pareffeux qu'ils s'entre-apel-
lent ordinairement, & s'en-
tredifent tout ce qu'ils ont
à dire par vne feneftre , ou
crient de la cour , ou du haut
du degré : Car c'eft vn té-
moignage qu'ils n'ont aucun
refpect,ni aucune difcretion,

& par conſequent que le Maiſtre ou la Maiſtreſſe, n'en ſont pas dignes, n'ayant pas l'eſprit ou la vertu, de ſe faire reſpecter, & de tirer leurs domeſtiques de la pareſſe & de l'incivilité où ils vivent.

Il faut auſſi eſtre fort attentif à ce qu'elle dit, pour ne luy pas donner la peine de repeter la même choſe : Il ne faut pas l'interrompre, mais attendre qu'elle ait achevé de parler, pour luy répondre. Il ne faut pas non plus la contredire ; & ſi la neceſſité nous y oblige pour l'informer de la verité, il ne le faut faire qu'apres luy avoir demandé excuſe, comme nous avons remarqué cy-devant : Et ſi elle l'oſtinoit, il ne faut plus resister, mais attendre vne autre occasion.

Quand c'est à nous à parler, il ne faut pas se faire [m] de feste des choses que l'on ne sçait point du tout, ou que l'on ne sçait qu'imparfaitement.

S'il y a dans la conversatiõ d'autres gens [n] plus habiles, il les faut laisser parler, les écouter, & se taire ; ou si l'on est pressé de dire son sentiment, il le faut faire en peu de paroles, & se bien garder d'imiter l'absurdité o

[m] Si est tibi iutellectus responde proximo : sin autem, sit manus tua super os tuum, ne capiaris in verbo indisciplinato, & confundaris. *Id. cap.* 5.

[n] Adolescens loquere in tuâ causâ vix ; quum necesse fuerit, si bis interrogatus fueris, habeat caput tuum responsum suum. In multis esto quasi inscius & audi tacens, simul & quærens. *Eccli* 32.

o Nec verò tanquam in possessionem suam venerit, *dit Ciceron d'vn grand parleur*, excludat alios ; sed cùm reliquis juribus, tùm sermone, communi viciffitudine nonnunquam vtendum patet. *Offic. lib.* 1.

F iij

de ceux qui fe piquent d'oc-
cuper toûjours le bureau
dans vn entretien.

Si l'on eft obligé de faire
quelques complimens „ il
faut les faire courts , & répondre plûtoft avec des reverences , qu'avec de longs
difcours.

Que fi cette perfonne nous
avoit fait couvrir (ce qu'il
ne falloit faire qu'aprés vn
commandement abfolu) il
faut fe découvrir , quand
dans les difcours on parle
d'elle , ou de quelqu'vn qui
la touche , ou de quelque
perfonne de la premiere dignité , à laquelle cette perfonne qualifiée prend inte-
reft : mais fi à fe découvrir
fouvent , cela l'importunoit,
& qu'elle nous le deffendît,

alors il faut se tenir couvert.

Il faut en tous nos discours s'abstenir de jurer, qui est vn vice où plusieurs tombent par une méchante habitude, pensant par là donner du poids à ce qu'ils disent : Et quand on deffend de jurer, on entend même exclure ces juremens qui ne signifient rien; estant certain que ni les vns ni les autres ne font pas de personnes bien élevées ; & que quand on iure devant vne personne de qualité, on perd le respect, pour ne rien dire de plus.

Il faut au contraire que nostre discours soit simple, & qu'il marque en toutes choses nostre retenuë, & le respect dont nous voulons

perſuader la perſonne à qui
nous parlons.

C'eſt pourquoy il eſt bon
de ſçavoir encore que c'eſt
vne tres-grande incivilité de
queſtionner & d'interroger
de but en blanc la perſonne
que l'ont veut honnorer , &
même quelque perſonne
que ce ſoit , ſi ce ne ſont
gens qui dépendent de nous,
où que l'on ſoit obligé de
faire parler ; & en ce cas il
faut en vſer avec beaucoup
de civilité & de circonſpe-
ction. De même , ſi l'on eſt
obligé de preſſentir quelque
choſe de la perſonne que
l'on doit reſpecter , il faut
luy parler en telle ſorte, que
vous l'obligiez civilement à
vous répondre , ſans pourtant l'interroger : Par exemple,

ple, si vous voulez sçauoir si
cette personne fera la campagne, de luy dire ; *irez vous*
*à la guerre, Monseigneur,*cela
est choquant, parce qu'il est
familier : au lieu que cette
façon de parler ; *sans doute*
Monseigneur que vous ferez
aussi la campagne , n'a rien
d'offençant que la curiosité,
que l'on excuse , quand elle
est respectueuse.

Nous avons dit que la na-
ture nous a donné des regles
pour la pudeur : Elles nous
doivent en effet tellement
servir pour nos discours mémes, que c'est manquer de
respect que de proferer vne
parole sale : Et quand c'est
une conversation de femmes,
l'equivoque même n'est pas
permise ; elle choque la

civilité, aussi bien que l'honnêteté.

Et non seulement l'equi-
voque, mais les mots aussi
qui laissent ou peuvent laisser
la moindre idée ou image du
deshonnête.

Comme les juremens & les
paroles libres blessent la civilité ; il en est de même de
la contention, de l'emporte-
ment, des grandes hiperbo-
les, des fanfaronades, & des
menteries : de la medisance
& de son contraire, qui est
de parler à son avantage, &
de se loüer sans cesse par
comparaisons, entassant une
infinité de *pour moy ; pour moy
je n'en use pas ainsi ; pour moy
je fais cela, &c.* qui sont discours aussi importuns, & in-
discrets que ridicules. *p*

p De forme
est de seipso
prædicare,
falsa præser-
tim, & cum
irrisione au-
dientium
imitari mili-
tem glorio-
sum. *Cic.off.
lib.* 1.

Mais ſi les grands parleurs
qui parlent long-tems & ne
diſent que des bagateles ; ſi
ceux qui ne ſçauroient parler de rien ſans auparavant
faire un prelude ; ſi ceux qui
conteſtent ſur tout ce qu'on
leur peut dire, quand ce ne
ſeroit que choſes tres-indif-
ferentes ; ſi ceux qui ne parlent jamais ſans s'échauffer &
ſãs ſe mettre en colere, quoy
que perſonne ne leur en donne ſujet ; ſi tous ces gens,
dis-je, ſont incommodes :
Ceux qui ne ſçauroient parler ſans élever le ton de la
voïx, juſqu'à donner la mi-
graine à ceux qui les écou-
tent, le ſont encor davantage : c'eſt pourquoy il faut
ſoigneuſement éviter toutes
ces imperfections : & pour la

derniere, il faut prendre garde au ton de voix que l'on à
naturellement, & le hausser
ou baisser selon la distance
du lieu où est la personne à
qui nous parlons : laquelle
distance doit estre en cela
nostre regle unique, à moins
que cette personne ne fût
sourde , & qu'alors nous fus-
sions obligez de sortir de me-
sure.

Vne autre incivilité fort
mal plaisante, est de ceux qui
ne croyent pas qu'on les entende , s'ils ne parlent bouche à bouche, crachant au nez
des gens, & les infectant, s'ils
ont l'haleine forte.

Au reste il faut avoir grand
soin de ne pas faire sa visite
trop longue : mais observer
en cas que la personne qua-

lifiée ne vous congediât
point elle-même , de prendre fon tems pour fortir, lors
qu'elle demeure dans le fi-
lence , lors qu'elle appele
quelqu'un , ou lors qu'elle
donne quelqu'autre indice
qu'elle à affaire ailleurs : Et
alors il faut fe retirer fans
grand appareil,& même fans
rien dire, s'il arriuoit quelque
tiers qui prît vôtre place , ou
fi la perfone s'appliquoit à autre chofe.

Que fi vôtre retraite eft
apperceuë , & que ce grand
Seigneur veüille vous faire
quelque civilité au fortir de
fa chambre : il ne faut pas
l'en empefcher , parce que
ce ne feroit pas paroître af-
fez perfuadé qu'il fçait ce
qu'il fait, & que fouvent il

arriveroit que nous nous dé-
fendrions d'une chofe que
l'on ne fait pas à noftre fu-
jet. On peut bien feulement
témoigner par quelque pe-
tite action , qu'en cas que
cet honneur s'addreſsât à
nous, nous ne nous l'attri-
buons pas : & cela fe fait en
pourſuivant fon chemin fans
regarder derriere nous , ou
même en fe tournant, ou en
s'arreftant comme pour le
laiſſer paſſer, & montrer par
là que l'on croit qu'il à affaire
ailleurs.

Que fi en prefence de cette perfonne qualifiée , il en
arrivoit une autre qui fût à
noftre égard noftre fupe-
rieur, mais inferieure au fien,
il ne faut pas quitter la perfonne qualifiée à qui nous
faifons la cour pour aller au

nouveau venu, mais il faut faire simplement quelque signe de civilité muëtte. Que fi ce nouveau venu eftoit fuperieur à la perfonne à qui nous rendons vifite, alors il faut que comme celle-cy fe rangera vray femblablement à fon devoir, nous nous y rangions de même, & que nous quittions le premier pour honnorer le dernier.

Que fi avec cela la perfonne qualifiée parloit à une autre, il ne faut pas fe fervir de ce tems-là pour faire converfation à part avec quelqu'un quiferoit prés de nous: cette familiarité eft mal feante : Outre que fi on parle bas, cela eft fufpect & deffendu ; & fi on parle haut, cela l'interrompt & l'importune.

Que fi on eſt obligé d'a-
compagner cette perſonne
ſuperieure dans ſa maiſon,
ou même en la nôtre , il faut,
s'il y à lieu de cela, paſſer devant, pour ouvrir les portes, &
pour releuer les tapiſſeries,
s'il y en a, à releuer.

CHAP. 7. SI l'on entre dans l'Egliſe,
il faut ſans empreſſement
prendre les devants pour
preſenter de l'Eau benite en
baiſant la main , & enſuite
ſe placer derriere en ſe com-
poſant avec modeſtie : Car
ſi l'on eſtoit aſſez malheu-
reux pour oublier, ou pour
dédaigner de ſe mettre à ge-
noux devant Dieu par fanfa-
ronade, ou par moleſſe ou
pareſſe, il faut du moins le
faire par civilité, & à cauſe

du monde de qualité qui fe
peut rencontrer en ce lieu là:
ces immodefties en un lieu
faint donnant tres-mauvaife
opinion de l'éducation d'un
homme , felon ce principe
que nous avons cy - devant
établi, qu'il faut conformer
nos actions au lieu où nous
fommes.

Et pour cet effet il faut
eftre debout, affis, ou à ge-
noux , felon l'ordre qui s'ob-
ferve dans l'Eglife ; par
exemple, à l'Evangile on fe
leve, & pendant le refte de
la Meffe on fe tient à ge-
noux : mais particulierement
pendant que Dieu eft pre-
fent fur l'Autel , felon la
pratique qui s'obferue même à la Meffe du Roy, & par
fon ordre , digne certes du

bon sens, & de la pieté de sa Majeſt.

Il ne faut point grimacer en priant Dieu, ni dire ſes prieres d'un ton haut, ni parler & s'entretenir avec quelqu'un, de peur de détourner les autres.

Il faut auſſi garder le ſilence, & eſtre aſſis au Sermon & ſi l'on eſtoit enrumé ou ſi on avoit la toux, il vaut mieux s'abſtenir d'y aller, que d'interrompre le Predicateur, & incommoder ceux qui ſont auprez de nous.

Si on eſt obligé de mener une Dame à l'Egliſe ou ailleurs, il faut la conduire en la ſoûtenant de la main droite ſelon la diſpoſition du haut du pavé ou du haut bout, & avoir le gand à la

main : car c'est une regle generale qu'il faut toûjours
avoir le gand, quand on donne la main à une Dame, là &
ailleurs. Il faut aussi entrer le
premier par tout , pour luy
faire faire place , ouvrir les
portes , &c. Que si dans la
rencontre il s'offroit des personnes plus qualifiées que
vous pour la mener, il faut
leur ceder la main , & ne l'ô-
ter jamais à personne, si la
Dame ne l'ordonne elle-
même, ou que l'on ne soit
assuré que celuy qui la tenoit
ne s'en formalisera pas.

Elle doit observer de sa
part, que c'est une vanité qui
tient de l'insolence, de se faire mener , & faire porter la
robe dans l'Eglise,& à la veuë
de Dieu.

Comme c'eſt une incivili-
té de ſe ſervir de carreau en
preſence de perſonnes eminentes.

CHAP. 8. Qve ſi nous ſommes obligez d'aller dans les
ruës à côté de ſes perſonnes
qualifiées, il faut leur laiſſer
le haut du pavé, & obſerver
de ne pas ſe tenir directement coſte à coſte, mais un
peu ſur le derriere, ſi ce n'eſt
quand elles nous parlent, &
qu'il faut leur répondre, &
alors il faut avoir la teſte
nuë.

Que ſi, quand nous ſommes
avec elle, il paſſoit, ou l'on
rencontroit quelqu'un de
connoiſſance, ou un laquais
de quelque amy, il faut bien
ſe garder de les appeler tout

haut, *hola hé ! comment se por-*
te ton maistre? mes baise mains
à Madame, &c. il n'y a rien de
si rustique ; aussi bien que de
quiter la compagnie de cette
persone pour aller à eux :
mais si on à affaire à ces personnes là, & que l'on ne soit
pas engagé à l'entretien de
la personne qualifiée , on
peut leur faire signe secrete-
ment, & leur dire à l'écart
& promtement ce qu'on a à
leur dire , où les saluër de
loin simplement , sans que la
personne qualifiée l'apperçoive trop.

Que si l'on se promene
avec cette personne supe-
rieure dans vne chambre, ou
dans vne allée, il faut observer de se mettre toûjours au
dessous. Dans vne chambre,

la place où est le lit marque
le dessus, si la disposition de
la chambre le permet, sinon
il faut se regler sur la porte.
Que si c'est dans un jardin,
il faut se mettre à main gauche de la personne, & avoir
soin sans affectation de re-
gagner cette place à tous les
tournans.

Que si l'on est trois à se
promener, le milieu est le
lieu d'honneur, & partant
celuy de la personne qualifiée : sa droite est le second:
& la gauche est le troisiéme.

Mais en general, quand
on se promene deux à deux,
il faut observer qu'au bout
de châque longueur de pro-
menade, l'on doit tourner
en dedans du côté de la per-

sonne avec laquelle on se promene, & non en dehors, de peur de luy tourner le dos.

Que si la personne qualifiée s'asseoit pour se reposer, & que nous nous trouvassions avec d'autres gens, ce seroit une grande incivilité de se promener en la presence & à la veuë de la personne qualifiée, pour laquelle on doit avoir du respect.

Que si on rencontre dans la ruë teste à teste une personne de qualité, il faut prendre le bas où est le ruisseau: s'il n'y à point de haut ni de bas dans un chemin, il faut se poster en sorte que nous passions sous la main gauche pour luy laisser la main droite libre : Et cela se doit aussi observer dans la rencontre des carrosses.

Que s'il s'agit de la saluër comme venant de la campagne, il faut le faire avec vne inflexion de corps fort humble, oftant fon gand & portant la main jufqu'en terre; mais fur tout il faut faire ce falut fans precipitation n'y embaras, ne fe proflernant & ne fe relevant que doucement, de peur que la perfonne que l'on faluë venant auffi à s'incliner, on ne luy donne quelque coup de tefte.

Que fi c'eft vne Dame de haute qualité, il faut par refpect ne la pas baifer, fi elle même par honnêteté ne tend la jouë; & alors même il faut feulement faire femblant de la baifer, & approcher le vifage de fes coëffes:

&

& de quelque façon qu'on la saluë, soit qu'on la baise ou non, il faut que toutes les reverences se fassent avec de tres - profondes inclinations de corps.

Que si en la compagnie de cette Dame il s'en rencontre quelques autres, qui soyent d'égale condition, ou indépendantes d'elle, alors il faut les saluër de même : Que si elles luy sont inferieures ou dépendantes, c'est une inciuilité de les saluër, parce que c'est une injure de les traiter d'égales à leur superieure.

IL est aussi à remarquer, CHAP. 9. que si nous sçavons qu'une personne pour laquelle nous avons quelque considera-

H

tion, eſt de la joye, ou dans
la triſteſſe, la bienſeance
nous ordonne abſolument de
nous y conformer, en telle
ſorte que cette perſonne demeure perſuadée, que nous
entrons auſſi avant qu'elle
même dans le bien ou le mal
qui la touchent. C'eſt pourquoy il faut même que nos
habits témoignent le ſenti-
ment de nôtre cœur, auſſi
bien que nos paroles & nos
actions : n'imitans pas certains ridicules qui entendent
ſi mal cette eſpece de ſyme-
trie, que ſi une maiſon eſt en
joye, ils la deconcertent
avec une mine froide, grave
& ſerieuſe, & ſi elle eſt dans
l'affliction, ou méme en habit de deüil, ils viennent
tout enjoüez & tout bril-

lans de rubans & d'affiquets, decontenançant les gens avec des contes pour rire, & en ne leur parlant que de divertif-femens. q

Mais à propos d'habits, il eft bon de dire que la pro-preté fait une grande partie de la bienfeance, & fert au-tant que toute autre chofe à faire connoître la vertu & l'efprit d'une perfonne : Car il eft impoffible que voyant fur elle des habits ridicules, on ne conçoive incontinent l'opinion qu'elle eft ridicule elle-même.

Or la propreté eftant une certaine convenance des ha-bits à la perfonne, comme la bienfeance eft la conve-nance des actions à l'égard des autres, il eft neceffaire fi

q Mufica in luctu im-portuna nar-ratio. *Eccle-fiaft.c.22.*

nous voulons estre propres,
de conformer nos habits à
nostre taille, à nostre condition,& à nostre âge.

Le contraire de la propreté est dans la disconvenance,
qui consiste dans l'excez ou
du trop de propreté,qui est le
vice dans lequel tombent les
personnes qui s'ayment elles-
mêmes, ou du trop peu, qui
est celuy des personnes ne-
gligentes, moles, naturellement sales, & mal propres,ou
singulieres.

Ces deux défauts sont
aussi blâmables l'un que l'autre : mais celuy qui vient de
negligence à cela de plus,
qu'outre la mauvaise idée
qu'il donne de la personne
aussi bien que l'affererie, il
desoblige la personne devant

laquelle on se presente ; & manque en quelque façon au respect.

Or la loy que l'on doit observer indispensablement pour la propreté , c'est la mode ; c'est sous cette maî-tresse absoluë qu'il faut faire ployer la raison , en suivant pour nos habits ce qu'il luy plaist d'ordonner , sans rai-sonner davantage , si nous ne voulons sortir de la vie ci-vile.

Cette mode à les deux mê-mes défauts d'excez que ceux dont nous venons de parler, l'excez de singularité, & l'ex-cez de profusion ; l'un & l'au-tre font passer la personne pour ridicule.

Et de fait si une personne quelque modeste & retirée

qu'elle foit, veut s'opiniâtrer & refifter à cette mode qui eft un torrent, paroiffant par exemple, devant le monde avec un chapeau pointu, à prefent qu'ils fe portent bas de forme, elle fe mettra au hazard d'eftre couruë comme un fpectacle de la foire faint Germain.

Il en eft de même de l'excez de profufion, dont la plûpart encheriffent fur la mode. Car fi l'on fait des chauffes larges d'un aûne en rond par en bas, ils en mettent deux fois autan : fi le bas de la robe d'une Dame eft traînant de demy-aûne, on y en met deux : fi les manches font courtes, on fait des aîlerons : fi l'on porte du ruban à cofté des chauffes, on en

met jusques dãs la pochette:
Et tout le reste à proportion,
jusqu'aux nœuds de souliers
qui sont d'un pied de long.

Pour éviter cette bisarre-
rie incommode, il faut re-
monter jusqu'à la source de
la mode, qui est la Cour : Et
de plus, il faut faire en cecy
ce que l'on fait dans de pareilles choses, qui dépendent du
caprice, il faut suivre la plus
saine partie.

C'est pourquoy ceux qui
ne peuvent pas aller à la
Cour, doivent tâcher de
connoître quelqu'un qui y
ait commerce, & s'en faire
un modele, le prenant à peu
prez de sa condition, de son
âge, & de sa taille. Et non
seulement il faut que cette
personne qui nous doit servir

de regle , ait habitude à la Cour ; mais aussi pour venir à mon principe , qu'elle ait elle-même de l'esprit & de la vertu : Car ceux qui ont un peu de jugement & de sagesse, retranchent autant que faire ce peut , le luxe & la fadaise des modes , & les rapportent à quelque utilité, à quelque commndité, & sur tout à la modestie , qui doit estre le fondement de toute la conduite d'un Chrétien, comme nous l'avons mise pour fondement de ce traité; & ainsi il se fait une espece de paradoxe, en ce que, ce caprice bijarre & souvent scandaleux , devient raisonnable & modeste.

Nous avons dit que les habits doivent avoir rapport à la

à la condition des perſonnes:
Et il eſt aisé de le juger en
s'imaginant, par exemple, un
homme deſtiné à l'Egliſe,
s'habiller, ou du moins s'a-
procher autant qu'il peut,
de l'habit d'un homme du
monde: Car alors on ne peut
pas dire que cet Eccleſiaſti-
que ſoit en ſon bon ſens,
mais qu'il eſt en maſque, &
porte un momon à celuy à
qui il va faire ſa cour; & ainſi
du reſte.

C'eſt la même choſe pour
l'âge; & une vieille femme,
ou un vieillard vêtus en jeu-
nes gens, par exemple, ſont
perſonnes qui font de leur
enterrement un carouſel.

Mais de proportionner les
habits à la taille, c'eſt une
remarque à laquelle peu de

gens prennent garde, & qui eſt pourtant eſſentielle à la propreté : car il ſe fait ſans cela une abſurdité des plus ridicules. C'eſt pourquoy il faut obſerver, que ſi la mode fait toutes les choſes grandes, elles ne doivent eſtre que mediocres pour les petits hommes : Autrement ſi ils portent vn grand rabat, parce que c'eſt la mode, on ne voit en eux qu'un rabat ; un chapeau à grand bord, c'eſt un chapeau qui marche, & ainſi du reſte. Ce qui ne choque pas moins la veüe, qu'un peintre qui pécheroit contre les regles de la portraiture, donnant de grands bras à une petite figure, & de petites jambes à une grande.

Cette convenance doit donc eftre exacte & égale, tant à l'égard de la perfonne , & de la condition, que de l'âge , évitant en tout l'excez dans le trop , comme dans le peu.

Et non feulement c'eft la propreté & la bienfeance des habits qui donnent boune impreffion de la perfonne : mais fes domeftiques, fon train , fa maifon , fes meubles & fa table ; tout cela devant avoir auffi proportion & rapport à la qualité & à l'âge , parce que ce fon autant de bouches qui nous aprennent, fans que le maiftre parle , s'il à de l'efprit & de la vertu : Outre même que l'on peut par ce moyen plus que par tout autre, manquer de refpect envers les perfonnes à qui nous en devons, nous élevant au deſſus d'elles par le faſte & par la vanité.

La feconde partie de la propreté eſt la netteté, qui eſt d'autant plus neceſſaire, qu'elle ſuplée à l'autre, quand elle manque : Car ſi les habits font nets, & ſur tout ſi on a du linge blanc, il n'importe que l'on ſoit magnifiquement veſtu ; on ſentira toûjours ſon bien, même dans la pauvreté.

Avec cela il faut avoir ſoin de ſe tenir la teſte nette, les yeux, & les dents, dont la negligence gaſte la bouche, & infecte ceux à qui nous parlons ; les mains auſſi en ſe coupant les ongles, & les

pieds de même, particulierement l'Esté, pour ne pas faire mal au cœur à ceux avec
qui nous conversons.

S'Il arrive que cette per- C H A P.
sonne de qualité dont 10.
nous avons parlé, vous re-
tienne à manger, c'est une incivilité de laver avec elle, sans
un commandement exprez ;
en observant que s'il n'y à
point d'officier pour prendre
la serviette dont on c'est es-
suyé, il faut la retenir, & ne
pas souffrir qu'elle demeure
entre les mains d'une personne plus qualifiée.

Il faut aussi se tenir découvert & debout, quand on dit
Benedicite & Grace.

Il faut ensuite attendre que
l'on vous place, ou se placer

au bas bout, selon le precepte de l'Evangile ; & en ce plaçant avoir la teste nuë, & ne se couvrir qu'aprés que l'on est tout à fait assis, & que les personnes plus qualifiées sont couvertes.

Il faut se tenir le corps droit sur son siege, & ne mettre jamais les coudes sur la table.

De méme il ne faut point témoigner par aucun geste que l'on ait faim, ni regarder les viandes avec grande avidité, comme si on devoit tout devorer.

Il ne faut point mettre la main au plat le premier, si on ne l'ordonne pour servir les autres, non plus que pour se servir soy-méme.

Si on sert, il faut toûjours

donner le meilleur morceau
& garder le moindre , & ne
rien toucher que de la fourchette , c'eſt pourquoy ſi la
perſonne qualifiée vous demande de quelque choſe qui
ſoit devant vous, il eſt impor-
tant de ſçavoir couper les
viandes proprement & avec
methode , & d'en connoître
auſſi les meilleurs morceaux,
afin de les pouvoir ſervir avec
honneur.

Par exemple , ſi c'eſt un
potage de ſanté , & qu'elle
vous demande du Chapon
boüilly qui doit eſtre ordinairement deſſus, la poitrine paſſe pour le meilleur endroit, les cuiſſes & les aiſles
vont aprés. L'opinion commune eſt, que la cuiſſe vaut
mieux que l'aiſle de toute la

volaille boüillie, c'eſt pourquoy je la nomme la pre-
miere.

Les Pigeons rotis ou en
ragout ſe ſervent tous en-
tiers, ou ſe coupent au travers par la moitié.

Pour ce qui eſt des vian-
des que nous appellons vola-
tilles, & qui ſe ſervent roties, la maxime la plus con-
ſtante des gens qui ſe connoiſſent en bon morceaux,
& qui rafinent ſur la delica-
teſſe des mets, eſt que de
tous les oyſeaux qui gratent
la terre avec les pieds, à la
reſerve de la Becaſſe, les
aîles ſont toûjours les plus
délicates ; comme au con-
traire les cuiſſes ſont les
meilleures de tous ceux qui
volent en l'air : & comme la

Perdrix ne s'éleve pas fort
haut, elle doit par consequent
estre mise au nombre de
ceux qui gratent la terre.

Quant à la maniere de couper adroitement les viandes
roties, il est presque general,
au moins à l'égard de la volaille, de lever d'abord les
quatres membres, en cōmen-
çant toûjours par la cuisse.

Que s'il arrive que la volaille soit grosse, comme
peuvent estre les Chapons
du Mans, les Coqs d'Inde,
les Oyes, & les Canards, ce
qui en peut estre servi de
meilleure grace, c'est le blanc
de la poitrine que l'on coupe
en long.

Les Oranges qui se servent
avec le roti se doivent couper en travers, & non pas en

long, comme les pommes.

A l'égard de la grosse viande, il y à peu de gens qui n'en connoissent les bons endroits : c'est pourquoy il seroit comme inutile d'en parler dans ce livre, où on s'est proposé autant que l'on a pû, de ne traiter que des choses que l'on a crû estre les plus ignorées : si bien que pour ne pas s'éloigner beaucoup de nôtre dessein, nous dirons seulement par occasion.

Que de la piece de Beuf tremblante, l'endroit le plus entre-lardé de gras & de maigre est toûjours le meilleur ; & comme le petit côté de l'aloyau est toûjours le plus tendre, il passe aussi pour le meilleur.

Pour la longe de Veau, elle
fe coupe ordinairement par
le milieu à l'endroit le plus
charnu, & le rognon s'en prefente par honneur.

L'éclanche ou gigot de
Mouton, fe coupe par def-
fous le manche ; on enfonce
le coûteau bien avant pour
en faire fortir le jus, & dans
la jointure de l'autre cofté
du manche, eft un petit os
que l'on prefente auffi par civilité.

On coupe l'épaule de
Mouton en demi cercle en-
tre la paix & le manche, &
même·fur la paix on trouve
les morceaux les plus déli-
cats.

Dans un Cochon de lait,
ce que les plus frians y trouvent de meilleur, eft la peau

& les oreilles;& dans le Liévre, le Levraut , & le Lapin, les morceaux les plus esti-mez , & que l'on appelle par rareté morceaux du chas-seur, se prennent aux costez de la queuë ; re rable , les cuisses , & les épaules vont aprés.

Pour ce qui est du Poisson, les plus habiles traiteurs maintiennent, que la teste & ce qui en aproche le plus, est en la plus grande partie toû-jours le meilleur : ce qui fait qu'au haut bout d'une table bien ordonnée , on sert or-dinairement la hûre du Pois-son, qui se coupe en deux, ainsi que peut estre le Mar-souïn, le Saumon frais , le Brochet ou la Carpe, & de ce dernier la langue en est le plus délicat morceau.

Quand aux Poiſſons qui
n'ont point d'autres areſtes
qu'une épine qui va tout du
long, comme, par exemple,
la Vive & la Sole, on en ſert
toûjours le milieu, parce
qu'il eſt ſans contredit le
meilleur.

Il faut obſerver qu'il eſt
malſeant de toucher le Poiſ-
ſon avec le coûteau, à moins
qu'il ne ſoit en pâte ; on le
prend ordinairement avec la
fourchette, & on le preſente
de même ſur une aſſiette.

Il eſt de la bienſeance & de
l'honnêteté, de peler quaſi
toutes ſortes de fruits crûs
avant que de les preſenter,
eſtant couverts bien proprement de leur pluresquoy qu'à
preſent en beaucoup d'en-
droits on les preſente ſans
peler.

Les Cerneaux se prennent dans le plat avec la main sans autre ceremonie, ainsi que les autres fruits crûs & confitures seiches.

Il faut aussi se souvenir de ne pas prendre les Olives avec la fourchette, mais avec sa cuillere : car il s'en fait quelquefois un sujet de risée quand cela arrive.

Toutes sortes de tartes de confiture & gâteaux, aprés avoir esté coupez sur le plat ou sur le bassin où on les a servis, se prennent avec le plat du coûteau, & se presentent sur une assiette.

Il faut observer que quand on vous demande quelque chose que vous devez prendre avec une cuillere, il ne faut pas le faire avec la vô-

tre, si elle vous a servi : que
si elle ne vous a pas servi, il
faut la laisser sur l'assiette
que vous presentez , & en
demander une autre , si ce
n'est que celuy qui vous a
prié de le servir , n'eut mis
la sienne sur son assiette, en
vous l'envoyant, ou vous la
presentant ; observant que
tout ce que vous servirez,
vous le devez toûjours presenter sur une assiette blanche,& jamais avec le coûteau,
ou la forchette, ou la cuillere
tous seuls.

Si la personne à qui vous
presentez cette assiette est
proche, & que vous luy pre-
sentiez à elle - même , vous
pouvez vous découvrir pour
la premiere fois en la luy presentant, & ne le faire plus

de peur de l'embaraſſer.

Que ſi l'on eſt mal adroit à ſervir, il faut s'en excuſer.

Si on vous ſert, il faut ac-cepter tout ce que l'on vous donne, & vous découvrir en le prenant, quand il vous eſt offert par perſonne ſupe-rieure.

Il eſt incivil de demander ſoy-même de quelque choſe qui eſt ſur la table, particu-lierement ſi c'eſt quelque friandiſe ; & pareillement il eſt d'une perſonne ſujette à ſa bouche, quand on donne le choix de quelque choſe,de demander le meilleur mor-ceau ; on répond d'ordinaire, *ce qu'il vous plaira.*

C'eſt une foibleſſe tres mal ſeante de dire haute-ment, *je ne mange pas de cecy,* *je je ne mange pas de cela ; je ne mange jamais de roty ; je ne mange jamais de Lapin ; je ne ſçaurois rien manger où il y à du Poivre, de la Muſcade, de l'Ognon, &c.* Comme ce ne ſont qu'averſions imaginaires, que l'on pouvoit corriger facilement ſi l'on eût eu dans ſa jeuneſſe quelque bon amy, & que l'on peut encore vaincre tous les jours ſi l'on veut ſouffrir un peu la faim, ou n'aymer pas tant ſa perſonne & ſes appetits ; auſſi ne faut il jamais que telles repugnances ſoient connuës : Il faut prendre civilement tout ce que l'on vous preſente ; & ſi le degouſt en eſt naturellement invincibile, comme il s'en rencontre en effet, il faut

K

fans faire femblant de rien, laiſſer le morceau ſur laſſiette , & manger d'autre choſe ; & quand on n'y prend pas garde , ſe faire deſſervir ce que l'on a averſion de manger.

Si chacun prend un plat, il faut bien ſe garder d'y mettre la main que les plus qualifiez ne l'y ayent miſe les premiers ; n'y de prendre ailleurs qu'à l'endroit du plat qui eſt vis à vis de nous : moins encore doit on prendre, comme nous avons dit, les meilleurs morceaux , quand même on ſeroit le dernier à prendre. Il faut auſſi prendre en une fois ce que l'on a à prendre : Car c'eſt une incivilité de mettre deux fois la main au plat, &

plus encore de l'y mettre pour prendre morceau à morceau.

Il faut bien se garder aussi d'étendre le bras par dessus le plat que vous avez devant vous, pour atteindre à quelqu'autre.

Il est aussi necessaire d'observer, qu'il faut toûjours essuyer vôtre cuillere quand vous la mettez au plat, y ayant des gens si delicats, qu'il ne voudroient pas manger de potage où vous l'auriez mise, aprés l'avoir portée à la bouche.

Et même si on est à la table de gens bien propres, il ne suffit pas d'essuïer sa cuillere ; il ne faut plus s'en servir, mais en demander une autre. Aussi sert on à present

de cuilleres dans des plats,
qui ne servent que pour prendre de la sausse.

Quand on mange, il ne
faut pas manger viste n'y
goulument quelque faim
que l'on ait, de peur de s'en-
goüer ; il faut en mangeant
joindre les levres, pour ne
pas lapper comme des co-
chons.

Moins encore faut il en se
servant, faire du bruit, &
racler les plats, ou ratisser
son assiette en la desseichant
jusqu'à la derniere goute. Ce
sont cliquetis d'armes qui dé-
couvrent comme par vn si-
gnal, nôtre gourmandise à
ceux qui sans cela n'y pren-
droient peut estre pas garde.

Il ne faut pas manger le
potage au plat, mais en met-

tre proprement sur son af-
siette ; & si il estoit trop
chaud, il est indécent de
souffler à chaque cuillerée ;
il faut attendre qu'il soit re-
froidy.

Que si par malheur on s'é-
toit brûlé, il faut le souffrir
si l'on peut patiemment, &
sans le faire paroître : mais
si la brûlure estoit insupportable, comme il arrive quelquefois, il faut promptement
& avant que les autres s'en
apperçoivent, prendre son
assiette d'une main, & la
porter contre la bouche, &
se couvrant de l'autre main,
remettre sur l'assiette ce que
l'on à dans la bouche, & le
donner vistement par derriere à un laquais. La civilité
veut que l'on ait de la poli-

tesse ; mais elle ne pretend que l'on soit homicide de soy-même.

Il ne faut point mordre dans son pain, mais en couper ce que nous avons à porter à la bouche, sans garder le coûteau à la main ; non plus que quand on mange ou une pomme ou une poire, &c.

Il faut tailler ses morceaux petits, pour ne se point faire de poches aux joües comme les singes.

Il ne faut pas non plus ronger les os, ni les casser, ou secoüer pour en avoir la moüelle ; il faut en couper la viande sur son assiette, & puis la porter à la bouche avec la fourchette.

Il faut bien se garder de

fauſſer ſes morceaux dans le plat, ou dans la ſaliere à meſure qu'on les mange; mais il faut prendre du ſel avec la pointe du coûteau , & de la ſauſſe avec une cuillere.

Et tenir pour regle generale , que tout ce qui aura eſté une fois ſur l'aſſiette, ne doit plus eſtre remis au plat.

Il ne faut pas non plus ſe pancher trop ſur ſon aſſiette, ni y laiſſer tomber, ou ſur ſon rabat, la moitié de ce que l'on porte à la bouche.

Il n'y a rien de plus mal appris que de lécher ſes doigts , ſon coûteau , ſa cuillere , ou ſa fourchette ; ni rien de plus vilain que de nettoyer & eſſuyer avec les doigts ſon aſſiette & le fond de quelque plat ; ou ce qui eſt encore pis , de boire à même le reſte du boüillon, de la ſauſſe , & du ſirop , ou de le verſer dans ſa cuillere; c'eſt s'expoſer à la deriſion, de toute la compagnie. Il faut quand on à les doigts gras , ou ſon coûteau , ou ſa fourchette , &c. les eſſuyer à ſa ſeruiette , & jamais à la nape.

Que ſi on avoit quelque coûteau, cuillere, ou four-chette à rendre à quelqu'un qui vous les eût preſtez , il faudroit les eſſuyer de vôtre ſerviette, ou les envoyer la-ver au bufet, puis les mettre ſur une aſſiette blanche , & les luy preſenter.

Que s'il arrive par quel-que accident extraordinaire, qu'on

qu'on ait quelque chofe
dans la bouche qu'on foit
obligé de rejetter, il feroit
fort incivil de le laiffer tomber de haut en bas fur fon
affiette, comme fi on vomif-
foit : il faut le prendre , &
l'enfermer dans la main, &
le remettre doucement fur
fon affiette, la donnant auffi-
toft pour la faire emporter s'il
fe peut , fans que ceux qui
font à table s'en aperçoivent
obfervant de ne jamais rien
jetter à terre.

Se moucher auffi à fa fer-
viette, ou même à fon mouchoir à découvert : cracher
du cerveau, & fe tirer de l'e-
ftomac avec force & fre-
quemment, font des faletez
à faire foulever le cœur à
tout le monde. Il faut s'en

abſtenir, ou le faire le plus ſe-
cretement qu'il eſt poſſible,
en ſe couvrant & cachant
tant que l'on peut.

De même qu'il ne faut pas
faire comme l'on dit, la petite bouche , mais manger
honnêtement & ſelon ſon
beſoin : auſſi ne faut il pas
paroître inſatiable , mais au
contraire, il faut ſe retenir,
& ceſſer le premier de manger : à moins que la perſonne
qualifiée , dont l'honnéteté
eſt de ne point faire deſſervir
que chacun n'ait ceſſé de
manger, ne nous conviât de
continuër.

Il faut auſſi remarquer,
qu'il eſt tres-malſeant pendant le repas , ou de criti-
quer ſur les viandes & ſur les
ſauces, ou de ſe mettre en

peine, & de parler fans ceſſe de mangeaille ; c'eſt la marque évidente d'une ame ſenſuelle & petite.

Comme il ne faut point manger à la dérobée : auſſi ne faut il point boire en cachette.

C'eſt une grande incivilité de demander à boire le premier,& avant que les perſonnes plus qualifiées ayent beû.

C'eſt contre le reſpeȼt de demander à boire tout haut ; il faut en demander tous bas ſi l'officier ou quelque laquais eſt proche ; ſinon il faut faire ſigne.

C'eſt eſtre fort groſſier que de boire à la ſanté d'une perſonne de condition, en s'adreſſant à elle-méme.

Que si quelqu'autre commence sa santé par galante-rie, il est du devoir de la boire : mais il faut que cela se fasse sans appeler la personne qualifiée à témoin : ce qui se peut faire de la sorte ; *c'est Monsieur* , parlant à celuy à qui on la porte, *à la santé de Monseigneur*;& non pas ainsi, *Monseigneur, c'est à vôtre santé, & je la porte à Monsieur.*

Mais c'est le comble de l'incivilité , d'ajoûter comme nous avons déja dit, le nom de la personne qualifiée parlant à elle-même, ou de dire en beuvant à la santé de sa femme, ou de quelqu'un de ses parents & parentes; *Monseigneur à la santé de Madame vôtre fem-*

me, *de Monsieur vôtre frere, de Madame vôtre sœur, &c.* Il faut nommer la femme par la qualité ou par le surnom du mary, & les autres, ou par leurs surnoms, ou par quelque qualité s'ils en ont, en disant, par exemple, *à la santé de Madame la Maréchale : de Monsieur le Marquis, &c.*

S'il arrive que nous devions répondre à une personne qualifiée, & que dans ce moment elle porte le verre à sa bouche pour boire, il faut se taire, & attendre qu'elle ait beû, pour continuer nôtre discours.

Cela tient trop du familier que de goûter le vin, & de boire son verre à deux ou trois reprises : il faut le boire d'une haleine & posément, regardant dedans quand on boit , & observant de ne pas boire quand on a la bouche pleine ; je dis posément , de peur de s'ennouër , ce qui seroit un accident fort mal seant & fort importun en une table de ceremonie ; Outre que de boire tout d'un coup comme si l'on entonnoit,c'est une action de goinfre , qui n'est pas de l'honnêteté.

Il faut se garder aussi aprés qu'on a beû , de pousser un grand soûpir éclatant pour reprendre son haleine.

Il est incivil aussi de se faire donner à boire pardevant la personne honnorée ; il faut prendre le verre d'un autre costé.

Que si la perſonne de qualité vous porte la ſanté de
quelqu’un, ou méme boit à la
vôtre, il faut ſe tenir découvert, s’inclinant un peu ſur la
table juſqu’à ce qu’elle ait
beû, & il ne faut point luy
faire raiſon, ſi elle ne l’ordonne préciſément.

Quand elle vous parle, il
faut auſſi ſe découvrir pour
luy répondre, & prendre garde n’avoir pas la bouche pleine. Il faut obſerver la méme
civilité toutes les fois qu’on
nous parlera, juſqu’à ce qu’on
nous l’ait défendu, aprés quoy
il faut demeurer couvert, de
peur de fatiguer par trop de
reſpect.

Il eſt incivil de ſe curer
les dents devant le monde,
& de ſe les curer durant &

aprés le repas avec un coûteau, ou avec une fourchette : c'est une chose tout à
fait mal honnête & dégou-
tante.

Il est ainsi de l'incivilité de
se rincer la bouche aprés le
repas devant des personnes
que nous devons respecter.

Si l'on est obligé de se le-
-ver de table avant les autres,
il faut avoir la teste nuë, &
un laquais tout prest pour
oster en même tems l'assiette, dont l'objet n'est pas
honnête : non plus que la
familiarité de celuy qui se
seroit levé sans la desservir
luy-même, s'il n'a personne
pour le faire.

Quand on oste les assiet-
tes, il ne faut pas souffrir
que l'on commence par vous

à servir les assiettes blanches; mais il faut attendre à prendre celle qu'on vous presente, qu'on en ait donné aux plus qualifiez de la compagnie , & particulierement aux Dames, à qui même il faut presenter & donner vous même celle qui vous est offerte, si l'on estoit trop long-tems à les servir.

Que s'il arrive que quelque Prince ou Princesse vous demande ou vous engage à quelque regale , il ne faut pas vous mettre à table, mais derriere le fauteüil pour leur presenter des assiettes & à boire : si c'est un Prince , & qu'il vous commande de vous mettre à table , vous pouvez vous y mettre au bas bout ; mais

fi c'eft une Princeffe, on témoigne mieux fçavoir fon
monde de s'en difpenfer.

CHAP.
11.

S'Il arrive que la méme
perfonne nous faffe vifite,
& que nous en foyons aver-
tis , il faut l'aller recevoir au
caroffe, ou le plus loin que
nous pourrons.

Il faut avoir alors où fon
épée au cofté, ou fon manteau fur les épaules : ou fi
l'on eft d'épée, & que l'on
foit en manteau , il faut avoir
le manteau & l'épée , eftant
indécent de paroître autrement.

Que fi elle nous furprend
dans nôtre chambre, il faut
fe lever promtement fi l'on
eftoit affis , & tout quiter
pour luy faire honneur, s'ab-

ſtenant de toute action juſqu'à ce qu'elle ſoit ſortie : &
ſi l'on eſtoit au lit, il faut y
demeurer.

Mais il y à ce tempera-
ment à prendre, que ſi dans
les honneurs que nous tâ-
cherons de luy rendre, comme en effet il faut l'accuëillir
de tout nôtre mieux, cette
perſonne retranchoit elle-
méme de nos defferences, il
ne faut pas s'y obſtiner, n'y
faire les façonniers , mais il
faut obeïr à tout ce qu'il luy
plaira de commander , puiſque nous ne pouvons mieux
luy témoigner qu'elle eſt le
maiſtre dans nôtre propre
logis , qu'en vivant comme
elle ordonne que nous y vi-
vions.

Et il eſt à remarquer , que

ce n'est pas seulement aux personnes de haute qualité que nous devons rendre honneur dans nôtre maison: mais aussi à toute autre personne qui peut passer chez nous pour étrangere ; c'est à-dire à tous ceux qui ne sont pas nos domestiques, ni nos inferieurs , quand ils n'auroient que l'âge pardessus nous, ausquels , par exemple , nous sommes obligez de donner le pas , le haut-bout à table, & ailleurs ; & de déferer presque tous les mémes honneurs, du plus au moins, qu'aux personnes les plus qualifiées, si nous voulons paroître civils.

C'est pourquoy quand quelqu'un à qui nous devons cette civilité nous vient voir,

c'eſt une incivilité de ſe faire long - tems attendre , à
moins que nous ne fuſſions
engagez avec des perſonnes
de plus haute qualité que ne
ſeroit celuy-là , ou occupez
à des affaires publiques. Encore ſeroit il alors de la civilité de luy envoyer quelqu'un d'une condition honnéte , pour l'entretenir en attendant.

Il faut conduire la perſonne qualifiée quand elle ſort
de nôtre viſite juſqu'au caroſſe , & ſi c'eſt une Dame ;
il luy faut donner la main,
s'il n'y à perſonne plus qualifiée qui la luy donne , & les
ayans vûs entrer en caroſſe, il
faut attendre ſur le pas de la
porte , juſqu'à ce que le caroſſe ſoit party.

Il est de méme de l'hon-
néteté, s'il arrivoit, que
quelque jeune personne eût
esté laissée entre nos mains,
de ne pas la laisser retourner
seule chez elle, & particulierement s'il estoit nuit, ou
qu'il y eût loin : mais il faut
où la reconduire soy-méme,
ou la mettre entre les mains
de personnes sures qui l'es-
cortent & l'accompagnent
jusqu'à ce qu'elle soit en son
logis.

Pour les visites que nous
avons à faire, si l'on suit l'e-
xemple, ou pour mieux dire
la faineantise de certaines
gens qui employent tout le
tems de leur vie à visiter,
pour faire visite, comme disoit un bel esprit, il n'y à
point d'autres regles à don-

ner, sinon d'aller de porte en
porte : Mais pour une personne qui d'une part pense à
bien employer le tems, &
de l'autre à garder la bienseance , on peut l'avertir
qu'il y a des occasions, où
ce seroit blesser la civilité,
que de manquer à faire visite aux personnes à qui nous
voulons témoigner du re-
spect ou de l'amitié. Par
exemple , il faut visiter un
grand de tems en tems pour
sçavoir l'estat de sa santé , &
nous rafraichir dans ses bonnes graces ; Et en general
toutes les fois qu'il arrive
occasion de prendre part à
sa joye ou à sa tristesse,
de ce qui luy est survenu
de bien ou de mal , quand
particulierement nous som-

mes perſuadez , que cette
perſonne le prend en bonne
part.

CHAP.
12.

QVe s'il ſe rencontre que
cette perſonne nous
oblige de joüer avec elle , ce
qu'il ne faut jamais entre-
prendre qu'aprés un exprés
commandement ; Il ne faut
point témoigner d'empreſſement dans le jeu , ni d'envie
de gagner ; cela marque la
petiteſſe de l'eſprit & de la
condition ; & méme il eſt
bon de s'en abſtenir tout à
fait ſi nous ne ſommes pas
d'humeur commode dans le
jeu, pour mille inconveniens
qui en peuvent arriver. Il ne
faut pas auſſi ſe négliger
dans le jeu, ni ce laiſſer perdre par complaiſance , tant
pour

pour ne pas faire le fanfaron, ce que l'on tourneroit en ridicule , que pour éviter que cette personne crût que l'on ne contribuât pas à son divertissement avec assez d'attache & de soin.

Il ne faut pas non plus parler par quolibets dans le jeu.

Il est aussi tres incivil de chanter ou de siffler en joüant, quand même cela ne se feroit que doucement & entre les dents , comme il arrive souvent lors que l'on réve au jeu.

S'il arrive quelque different , il ne faut point s'opiniâtrer : mais si enfin on estoit obligé de soûtenir un coup, ce doit estre tranquillement sans élever le ton de la voix, en le pouvant évidemment, & promtement.

C'eſt , outre l'offence de Dieu , une tres-grande immodeſtie , pour le monde poly , que de jurer , comme nous l'avons déja dit , & plus grande encore au jeu, où tout doit eſtre paiſible pour ne pas troubler le divertiſſement.

L'enjeu que l'on gagne , ſe doit exiger froidement , ſi quelqu'un a manqué de mettre , n'uſant point de ces mots imperieux ; *payez, mettez* ; mais bien de termes doux & honnêtes ; comme *je gagne cela ; on n'a pas mis au jeu ; il me manque de l'argent, &c.*

Et quand on perd , il faut toûjours payer avant qu'on le demande , eſtant une mar-

que de la nobleſſe de l'eſprit
de bien payer ce que l'on doit
au jeu , comme par tout ailleurs, ſans témoigner aucune
repugnance.

Si l'on ſçait que la perſonne à qui l'on doit reſpect ne
ſe plaiſe pas à perdre , il ne
faut pas, ſi on gagne, quitter le jeu , ſi elle ne le commande, ou qu'elle ne ſe ſoit
raquittée : Et ſi l'on perd , il
faut ſe retirer doucement ;
eſtant toûjours honnête de
ſe conformer à ſes forces , au
lieu que c'eſt s'expoſer à la ri-
ſée & au mépris, que de faire
par complaiſance plus que
l'on ne peut.

Si la perſonne eſt fâcheuſe
au jeu, il ne faut point relever ſes paroles en façon quel-
conque, mais pourſuivre &
M ij

joüer son jeu : moins encore
faut il prendre garde à ses
emportemens , particulierement si c'est une Dame :
estant alors de la prudence
de prendre tout en bonne
part , & de ne point sortir du
respect & du calme de l'e-
sprit.

C H A P.
13.
SIl'on se trouve par quelque rencontre impréveuë
à une assemblée, ou à quelque
bal, il faut avant toutes choses
sçavoir exactement, je ne dis
pas la dance , si l'on ne veut,
mais les regles de la dance, &
de la civilité qui se pratique
selon le lieu où l'on se rencontre ; car elle n'est pas la
même par tout : & ne pas
manquer de la moindre chose, à cette pratique.

Que si l'on sçait dancer, on
le doit faire si on est pris, pour
ne pas faire le singulier : mais
si l'on n'a en cet exercice
qu'un talent mediocre, il ne
faut pas presumer d'être fort
habile, n'y s'engager à des
dances que l'on ne sçait point
du tout , ou qu'imparfaitement.

Que si on n'a point d'o-
reilles, il ne faut point du
tout se commettre à dancer,
quand méme on sçauroit
fort bien les pas : C'est un
spectacle ridicule *r* de voir
un homme hors de cadance,
& l'on s'en prend à luy : parce que s'il n'avoit pû éviter
de venir au bal , il pouvoit
se dispenser de la dance en
faisant une profonde reverence à la Dame qui l'avoit

r Nihil de-
cet invitâ,
ut aiunt,
minervâ, id
est adverfan-
te & repu-
gnante natu-
râ. *Cic. off. 1.*

pris pour dancer , aprés l'avoir conduite au milieu de la sale : Mais il faut auparavant luy avoir fait entendre avec bien du respect, le déplaisir que l'on a de ne sçavoir pas dancer , afin qu'elle soit persuadée que c'est le peu d'adresse , & n'on pas le dédain ou la paresse qui causent ce refus.

Que si enfin l'on vouloit par autorité & pour se donner du divertissement , nous forcer à dancer, il ne faut pas le refuser : car il vaut bien mieux s'exposer à une petite confusion involontaire pour se rendre complaisant, qu'au soubçon que nous pourions donner de le vouloir éviter par vanité ; & alors il faut supplier la Dame d'agréer par

compaſſion de dancer quelque dance que nous ſçachiõs
le mieux , & la dancer aprés
franchement & le moins mal
que nous pourrons. ſ

ſ Sin ali-
quando ne-
ceſſitas nos
ad ea detru-
ſerit quę no-
ſtri ingenij non erunt, omnis adhibenda erit cura, me-
ditatio, diligentia, vt ea ſi non decorè, at quam mini-
mè indecorè facere poſſimus : nec tam eſt enitendum,
ut bona quæ nobis data non ſunt, ſequamur, quam ut
vitia fugiamus. *Cic. lib. Off.*

Aprés quoy il faut reme-
ner la Dame à ſa place , & en
prendre une autre : obſervant
quand on eſt repris, de rendre
la revanche à la Dame qui
nous eſtoit venu prendre la
premiere , ſi c'eſt l'uſage du
lieu où l'on eſt. Il n'eſt auſſi
pas permis de prendre la place ou le ſiege de ceux qui
dancent.

Il faut obſerver auſſi , que
ſi l'on ſe trouve parmi des

masques, c'est une incivilité de faire démasquer quelqu'un, s'il ne le veut, & de porter même la main sur le masque ; Au contraire l'on est obligé de faire encore plus d'honnêteté à des masques qu'à d'autres gens : car souvent sous le masque, il se trouve des personnes à qui non seulement nous devrions de la civilité, mais du respect.

CHAP. 14. S'Il arrivoit que l'on eût de la voix, ou que l'on sceût joüer de quelque instrument, où même que l'on eût le talent de faire des vers, il ne faut jamais le faire connoître par aucune marque : mais si cela estoit découvert & connu, & que

dans

dans la rencontre on fût prié
par une personne pour la-
quelle on eût de la déference, il faut d'abord honnêtement s'excuser ; & si elle ne
se payoit pas de ces excuses,
alors il est d'une personne
qui sent son bien, de ne pas
hesiter à chanter , ou à joüer
de cet instrument , ou à reci-
ter quelques petits ouvrages de sa façon : cette obeïs-
sance promte & sincere met
à couvert de tout évene-
ment ; au lieu qu'une resi-
stance façonniere , sent le
maistre chanteur,& encore le
mauvais maistre , qui veut se
faire valoir.

Et sur tout il ne faut ni
tousser trop , ni trop cracher , ni estre trop long-tems
à accorder son instrument.

Il faut bien se garder aussi de se loüer soy - même par certains gestes estudiez, qui marquent nôtre complaisance, & de dire, par exemple, lorsque l'on chante; *Voila un bel endroit; & voicy encore un plus beau; prenez garde à cette chûte, &c.* cela est du petit & du glorieux.

Il faut aussi avoir soin de finir promtement pour éviter d'estre ennuïeux, & pour laisser, comme l'on dit, la compagnie sur la bonne bouche.

Et même il faut finir d'autant plûtost, que personne ne vous dira, *c'est assez*; parce que c'est une incivilité de le dire, si celuy qui chante est personne de condition: comme c'en est une de parler & de l'interrompre quand il chante.

SVpposé qu'une person-
ne à laquelle nous de-
vons du respect , nous mene
en voyage : il est de la bien-
séance en general de s'acommoder à tout : de trouver
tout bon : de ne se plaindre
jamais : de ne faire jamais attendre aprés soy:d'estre toûjours à lerte, vigoureux, offi-
cieux à tous , & de ne point
imiter ceux qui n'ont jamais
de bons chevaux , jamais de
bonnes chambres , jamais
de bons lits : qui commet-
tent ensemble les domestiques , & ceux-cy avec le
maistre : qui ne sont jamais
prests : qui ne trouvent rien
de bien ni de bon , qui sont

CHAP.
15.

fâcheux, & toûjours de mauvaife humeur.

Et de fait, le voyage eftant une efpece de milice qui doit avoir fes precautions, fes petits foins, fa diligence, comme il a fes fatigues & fes peines, il eft extrémement deplaifant, quand à tout cela il fe joint des gens incommodes, qui vous péfent plus que tout le bagage.

Si on monte en caroffe, il faut laiffer monter la perfonne la plus qualifiée la premiere, & monter le dernier en prenant la moindre place. Le fond & la droite du fond, eft la premiere. La gauche du fond eft la feconde. Le devant vis à vis de la perfonne qualifiée, eft la troifiéme, & la joignante,

eſt la quatriéme. Les portieres s'il y en à, ſont les
dernieres, quoy que les places de portieres du coſté du
fond ſoyent les principales.

Quand on eſt en caroſſe,
il ne faut pas ſe couvrir
qu'aprés un commandement
exprés, & ſe tourner toû-
jours du coſté de la perſonne qualifiée.

Il faut auſſi obſerver, que
quand on ſe rencontre en
lieu par ou paſſe le ſaint Sacrement, ou une Proceſſion,
ou un Enterrement, ou bien
le Roy, la Reyne, les Princes les plus proches du ſang
royal, & des perſones d'un
caractere & d'une dignité
eminente, comme ſeroit un
Legat, &c. il eſt du devoir
& du reſpect de faire arré-

ter le caroſſe juſqu'à ce qu'ils ſoyent paſſez : aux hommes d'avoir la teſte nuë, & aux Dames d'oſter le maſ- que ; excepté toutesfois qu'à l'égard du ſaint Sacrement, on doit ſortir du caroſſe quand on le peut, & ſe met- tre à genoux.

Si on doit monter à che- val, il faut auſſi laiſſer mon- ter la perſonne de qualité la premiere, & luy ayder mê- me à monter, ou tenir l'é- trier. En marchant il faut, de même qu'aprés, luy don- ner la droite, & ſe tenir mê- me un peu ſur le derriere, ſe réglant ſur le train qu'elle va : mais ſi alors on eſtoit au deſſus du vent, & que l'on jettât de la pouſſiere ſur elle, il faut changer de place.

De méme, il faut obſer-
ver s'il ſe preſente vne rivie-
re, un gué, ou un bourbier,
que c'eſt de l'ordre & de la
raiſon de paſſer le premier;
& s'il ſe rencontroit que l'on
fût derriere, & que l'on dût
paſſer aprés la perſonne qualifiée, il faut s'éloigner d'elle, en ſorte que voſtre cheval ne luy jette ni de l'eau ni
de la bouë.

Si elle galope, il faut avoir
ſoin de n'aller pas plus viſte
qu'elle, & ne faire point pa-
rade de ſon cheval, à moins
qu'elle ne le commande.

Et méme ſi l'on eſt à la
chaſſe, il ne faut pas la couper, ni ſe laiſſer emporter
par trop d'ardeur : mais il
faut la laiſſer arriuer la premiere à la priſe & à la mort

de la beſte : Et s'il faut mettre l'épée à la main , ou le
piſtolet pour luy donner le
dernier coup , il faut laiſſer
cet honneur à la perſonne
qualifiée.

S'il arrivoit qu'à cauſe du
mauvais logement on dût
coucher dans la chambre de
la perſonne pour qui l'on
doit avoir du reſpect, la civilité eſt de la laiſſer déshabiller & coucher la premiere:& aprés , de ſe déshabiller
à l'ecart & contre le lit où
l'on doit coucher, & de ſe
coucher ſans bruit, demeu-
rant tranquille & paiſible
durant la nuit.

Comme l'on s'eſt couché
le dernier , la civilité veut
qu'on ſe leve le premier, afin
que la perſonne qualifiée

nous trouve le matin tout habillez : la bienſéance ne ſouffrant pas qu'une perſonne que nous devons reſpecter, nous voye nuds, & en déshabillé, ni aucune de nos hardes traîner ça & là, non plus que noſtre lit découvert, ou la chambre en deſordre.

C'eſt une grande incivilité de ſe regarder au miroir, & de ſe peigner là ou ailleurs, en preſence d'une perſonne que nous conſiderons.

Et plus encore de ſe ſervir de ſes peignes, ou d'aucune de ſes hardes.

Delà il eſt aiſé de conclure, qu'il n'eſt pas de l'honnêteté, de ſe ſaiſir à grande haſte de la premiere chambre, du premier lit, &c. Il faut en cela outre la civilité , garder quelque juſtice.

Et méme il ſeroit tres mal honnéte à une perſonne qualifiée, ſi dans un mauvais logement & à l'étroit, elle prenoit fiérement tout pour elle, ſans ſe mettre en peine ſi les autres ont la moindre commodité. Ces actions ne ſont pas de grand Seigneur, car il doit avoir par tout de la bonté & de l'humanité , méme pour ſes inferieurs, juſqu'à vouloir dans la rencontre , partager avec eux le mal & la peine.

CHAP. 16.

LEs mémes precautions que l'on obſerve pour la politeſſe de l'action & du diſcours, ſe doivent obſerver dans les lettres que l'on écrit, qui sont le discours des absens.

Il est à remarquer pour la ceremonie de l'écriture, qu'il est plus respectueux de se servir de grand papier, que de petit; & que le papier sur lequel on écrit doit estre double, & non en simple demi-feüille, quand on n'é-criroit à la premiere page que six lignes.

Qu'aprés le *Monseigneur* ou le *Monsieur* que l'on met au commencement d'une lettre, on laisse beaucoup de blanc avant que d'écrire le corps de la lettre, differem-ment pourtant, selon la qua-lité des personnes.

Que dans le corps de la let-tre, toutes les fois que l'on est obligé de repeter *Monsieur* ou *Monseigneur*, lequel on doit repeter par respect de tems en tems, & particulierement quand le discours s'adresse directement à la personne qualifiée, il se doit écrire tout du long, & non par abreviation ; par exemple, *ainsi vous voyez, Monsieur* ou *Monseigneur* ; & non pas, *Monsr* ou *Mgr*, *combien le bon sens est rare.*

Lors que l'on écrit à une personne à qui on peut donner un titre, comme *d'Excellence, d'Altesse, &c.* non seulement il ne faut point l'omettre, mais il faut le plus qu'il est possible s'en servir, & tourner la phrase à la troisiéme personne : comme *votre Excellence sçait ; elle a attendu ; elle me pardonnera, &c.*

A la fin de la lettre on met pour marquer sa soumission, si c'est une personne simplement au deſſus de nous, *Monſieur*, & ce Monſieur doit eſtre dans le milieu du blanc du papier qui reſte depuis la fin ou les dernieres paroles du corps de la lettre, juſqu'au bas de la page, *vôtre tres-humble & tres-obeïſſant ſerviteur*, tout au bas du papier. Si c'eſt un Prince, ou une perſonne eminente en dignité, on met *Monſeigneur*, & on le met le plus bas que l'on peut: puis de ſuite: mais un peu plus bas, *de vôtre Alteſſe*, ou *de vôtre Excellence*; & aprés, comme nous avons dit, tout au bas de la page, *le tres-humble & tres-obeïſſant ſerviteur.*

On n'a point d'autres termes pour exprimer son respect: les autres regardent l'amitié, la reconnoiſſance, la familiarité.

Et il eſt tellement de la bienſéance de ne point confondre les termes du reſpect avec ceux-cy, qu'il n'y à rien qui ſoit ſi difforme, que de les voir confondus : & d'autant plus, que les fautes des lettres font bien plus d'impreſſion, que celles du diſcours que l'on peut redreſſer ſur le champ.

C'eſt pourquoy il faut toûjours obſerver l'égalité du ſtile ; & ſi c'eſt une lettre ſerieuſe, prendre garde de n'y jamais couler de termes, d'expreſſions, n'y de penſées familieres & préſomptueu-

ſes : comme font quelques-
uns qui ne ſe poſſedent pas,
& qui aprés la premiere pe-
riode d'un ſtile grave , s'é-
tourdiſſent, & croyent dire
merveilles en faiſant de petites pointes d'eſprit , & ex-
primant en termes enjoüez
& figurez , qui ne ſeroient
propres que pour le familier,
le galant , & le burleſque , ce
qui doit eſtre dit en termes
ſimples, humbles , & circon-
ſpects.

Le contraire eſt également
ridicule ; c'eſt à dire quand
un grand Seigneur écrit à un
moindre imperieuſement&
de haut en bas : Car ſi cet
inferieur n'eſt point de ſa
dépendance , ou méme s'il
eſt étranger , cet homme de
qualité s'expoſe à la deriſion,

s'il luy écrit fiérement, & en maistre.

On met aussi dans la lettre, le lieu & la date du jour & de l'année que l'on écrit. Pour plus grand respect, on la met tout au bas de la page où l'on finit la lettre, & à costé. C'est un peu trop familier écrivant à une personne de qualité, de mettre cette date en teste de la lettre.

Au reste lors que l'on nous commande d'abréger ces ceremonies, dont j'ay parlé cy-dessus, & d'écrire en billet qu'on appelle, c'est à dire tout de suite, sans *Monsieur*, & sans vuide au commencement, il faut obeïr, pour ne point se rendre importun.

Il est bon aussi de sçavoir,
que pour plus de respect on
met la lettre dans une enveloppe sur laquelle on met le
dessus : Et pour les Dames,
on cachette les lettres avec
de la soye en mettant le dessus sur la lettre méme ; ce
qui s'observe à l'égard des
Dames de la plus grande
qualité, si ce n'est que pour
marque d'un plus grand respect, on peut metrre la lettre déja cachettée de soye,
dans une enveloppe, sur laquelle on met encore le dessus.

APRÈS quoy il est bon de C H A P.
sçavoir, pour ce qui 17.
nous regarde en particulier,
que c'est une inciuilité de ce
faire rendre des honneurs en

presence ou dans la maison d'une personne plus qualifiée que nous ne sommes, & à qui nous même devons du respect ; parce que l'honnêteté qui demande que l'on s'humilie par tout, l'exige de droit absolu dans cette rencontre, où le plus grand, selon l'ordre de la nature, rabaisse & efface le moindre : en sorte, par exemple, qu'il est indécent à des personnes de mediocre qualité de se faire faire cortege, ou à une Dame de se faire mener & porter la robe chez & devant une personne d'une condition à son égard beaucoup plus relevée.

CHAP. 18.

DE même pour conclure il reste à dire qu'encore

que ce Traité ſoit diviſé par
Chapitres pour garder quelque ordre , il ne s'enſuit
pas que l'on ne doive pratiquer la civilité , que lors que
les occaſions ſe trouveront
juſtement pareilles , à la diſpoſition où elles ſont dans
ce Recuëil : il ne faut pas
l'entendre ainſi ; mais il faut
ſe mettre en general ces
preceptes dans l'eſprit pour
eſtre civil par tout ; & faire toutes ces choſes avec
choix & diſcernement. Car,
par exemple , ſi l'on doit
eſtre civil à l'égard de ces
perſonnes de qualité , on
doit l'eſtre encore davantage à l'égard des Princes : &
l'eſtre encore bien plus exactement envers les teſtes
Couronnées, ou des perſon-

nes qui les touchent de prés:
puis qu'alors la civilité devient un devoir. En un mot,
la civilité doit estre non seulement uniforme, mais ren-
duë avec discretion.

Ainsi il faut sçavoir que
dans la pratique même de la
civilité on peut en general,
tomber dans deux extrémi-
tez ou défauts tres-dange-
reux.

Le premier est lors, que
l'on excéde dans la civilité,
accablant la personne à qui
l'on fait sa cour, de devoirs
si ordinaires, que la plûpart
sont rendus à contre tems:
& alors, on appele ce genre
de civilité, flaterie, qui est
un leurre que nous jettons
à cette personne qualifiée,
pour parvenir à quelque

intereſt. Cette flaterie tour-
ne également au deſavanta-
ge de celuy qui flate, & de
celuy qui la reçoit : car ſi
celuy-là fait voir en flattant
l'autre par ces continuelles
adorations, le caractere d'u-
ne ame rampante, double, &
intereſſée : celuy cy , s'il la
ſouffre , témoigne qu'il a
l'eſprit court & preſomp-
tueux, ne découvrant point
l'appas , & ſe laiſſant toucher à des ſoûmiſſions qui
non pour objet rien moins
que ſon merite.

Le ſecond défaut dans le-
quel on peut tomber , eſt
quand pour trop éplucher
les choſes, nous nous faiſons
des ſcrupules ſur tout , &
que nous nous rendons eſ-
claves de ces ceremonies,

jufqu'à nous en troubler l'efprit , & nous rendre incommodes ou ridicules aux autres par trop d'exactitude.

La civilité doit eftre toute libre , & toute naturelle, & nullement fuperftitieufe: d'où vient même que quand nous nous fommes mis dans les termes de la bienféance & du refpect que les perfonnes qualifiées peuvent attendre de nous, nous ne devons point aprés cela paroître timides auprés d'elles: mais nous devons au contraire parler librement & franchement ; Car cette crainte qui va quelquefois jufqu'au tremblement, embaraffe même celuy à qui on parle , & eft bien fouvent, la marque d'un naturel fau-

vage, ou d'une éducation baffe & mal cultivée.

Ce qui nous fait connoî-
tre clairement, que la modeftie & l'honnêteté, n'eft pas,
comme plufieurs croyent,
une pufillanimité qui recule
& obfcurciffe les honnêtes
gens : mais qu'au contraire
eftant comme un frain à cette audace effrontée, qui alié-
ne de nous les perfonnes de
bon fens, il faut tenir pour
une maxime conftante, ce
que dit Ciceron ; que fans la
pudeur & la retenuë, il n'y a
rien de loüable, il n'y à rien
d'honnête. *t*

*t Sine vere-
cundia nihil
rectum effe
poteft, nihil
honeftum.
Off. lib.*

C'Eft, Monfieur, tout
ce que je puis répon-
dre à vôtre demande : Ie
vous ay déja dit par avance,

CHAP.
19.

que quand même on en se-
roit capable, il seroit impossible de donner des preceptes de civilité pour toutes sortes de rencontres : Ie
sçay bien aussi que j'ay mis
dans cet écrit quantité de
choses inutiles, que tout le
monde sçait, & que peut-
eftre d'autres ont dit avant
moy : mais la chose ne se
peut faire autrement : car
eftant queftion de traiter de
la bienféance des actions des
hommes, qui font presque
toûjours les mêmes, y ayant
eû depuis le commencement
du monde des gens qui ont
beû, mangé, craché, bail-
lé &c. l'on ne peut éviter de
redire les même regles parlant des mêmes actions ;
puifque la bienféance eftant

ce

ce que la raiſon a jugé con-
venable ſur les principes de
la nature & de l'uſage ; il y
a eû devant nous d'autres
gens qui ont eü de la raiſon,
& qui par conſequent ont
connu cette convenance
auſſi bien que nous.

Ce n'eſt pas en verité que
pour faire ce Traité , je me
ſois ſervi d'aucun Livre de
pareil ſujet , ſçachant bien
que pour les preceptes de
civilité qui dépendent de
l'uſage , les vieux livres nui-
ſent plûtoſt qu'ils ne ſervent ; & que par conſequent
il vaut mieux conſulter l'uſage vivant , que l'uſage mort.

Il eſt même probable que
tant de perſonnes de merite
qui font profeſſion d'inſtri-
re la jeuneſſe , & qui s'y

appliquent avec tant de zele, n'auront pas oublié de pref-crire des regles de civilité, puis qu'elle fait une des plus neceſſaires partie de l'inſtru-ction, où du moins celle qui paroît davantage & plus frequemment aux yeux du monde. Si cela eſt , ils doi-vent eſtre eux mêmes civils & courtois , & nous avons droit d'eſperer, ſi par hazard vous leur donnez communi-cation de ce Traité , qu'ils ne trouveront pas mauvais que nous les ayons imitez en quelque choſe.

En effet à le prendre mê-me à la rigueur, comme eux & nous ſommes ſemblables en cette rencontre à ceux qui compilent des loix qu'ils n'ont pas faites, & dont par

consequent ils seroient ridicules de se faire un mérite :
de même on ne doit pas
s'offencer si d'autres joi-
gnent leur travail au nostre,
puis qu'ils n'ostent rien de
ce qui est à nous. Aussi je
verray moy-même avec
beaucoup de joye, que d'autres prennent comme de
main en main le flambeau
que je leur presente, & per-
fectionnent ce que je ne
viens que de vous ébaucher.
Ie dis ébaucher, car il se
proposeroit de parcourir
tout d'un coup toutes les
actions des hommes, sur l'es-
quelles s'apliquent les regles
de la civilité , s'engageroit
à une chose impossible.

Ainsi quoy que ceux qui
auront peut estre traité de la

civilité auparavant nous, en
ayent beaucoup dit, s'ils ont
voulu répondre à une ma-
tiere si riche ; & quoy que
nous même en pussions avoir
remarqué dans cét écrit ; je
suis assuré neanmoins qu'il
en reste encore beaucoup
plus à dire.

Davantage cet usage dont
nous venons de parler , ne
permet pas que la plûpart
de ces loix soient immua-
bles ; & il en sera de méme
avec le tems de quelques
unes de celles-cy, comme de
celles qui les ont precedées.

Autrefois, par exemple ,
il estoit permis de cracher
honnêtement un gros cra-
chat à terre devant des personnes de qualité , & il suffi-
soit de mettre le pied des-

fus ; à prefent c'eft une indécence.

Autrefois on pouvoit bailler, & il fuffifoit pourvû que l'on ne parlât pas en baillan ; à prefent une perfonne de qualité s'en choqueroit.

Autrefois on pouvoit auffi tremper fon pain dans la fauffe, & il fuffifoit pourvû qu'on n'y eut pas encore mordu ; maintenant ce feroit une efpece de rufticité.

Autrefois on pouvoit tirer de fa bouche ce qu'on ne pouvoit pas manger, & le jetter à terre, pourvû que cela fe fit adroitement ; & maintenant ce feroit une grande faleté ; & ainfi de plufieurs autres chofes.

Il eft donc certain que

l'ufage poura polir , abolir,
& changer peut eftre une
partie des regles que nous
donnons : mais neantmoins
comme la civilité vient ef-
fentiellement de la mode-
ftie, & la modeftie de l'humilité , qui comme les autres vertus font appuyées fur
des principes inébranlables ;
c'eft une verité conftante
que quand l'ufage change-
roit, la civilité dans le fond
ne changeroit pas ; & que
l'on fera toûjours civil,
quand on fera modefte , &
toûjours modefte , quand on
fera humble.

FIN.